दुस्मन

उर्फ़ सैंया मगन

पहलवानी में

स्वीकृति हेतु पता :
बी-255, सेक्टर-26
नोएडा-201301
ई-मेल : dpsinha50@hotmail.com तथा
pkbharti2004@yahoo.com

दुस्मन

उर्फ़ सैंया मगन पहलवानी में

(हास्य नाटक)

दया प्रकाश सिन्हा

वाणी प्रकाशन

वाणी प्रकाशन
4695, 21-ए, दरियागंज, नयी दिल्ली 110 002

शाखा
अशोक राजपथ, पटना 800 004

फ़ोन: +91 11 23273167 फ़ैक्स: +91 11 23275710

www.vaniprakashan.in
vaniprakashan@gmail.com

DUSMAN
Urf Sainya Magan Pahalwani Mein
by Daya Prakash Sinha

ISBN : 978-93-5072-390-6
Play

प्रथम (वाणी) संस्करण
मूल्य : ₹ 150

हर्ष प्रिंटर्स, दिल्ली-110 093 में मुद्रित

वाणी प्रकाशन का लोगो मक़बूल फ़िदा हुसेन की कूची से

भूमिका

नाटककारीय :

'दुस्मन-उर्फ़ सैंया मगन पहलवानी में' एक अतिरंजित हास्य नाटक है।

अंग्रेजी नाटक मुख्यतः दो वर्गों में विभाजित किये जाते हैं–ट्रेजेडी (दुखांतकी) तथा कॉमेडी (सुखांतकी)। कॉमेडी प्रायः उन नाटकों को कहते हैं जो दर्शकों का मनोविनोद करते हैं। उनको हँसाते हैं। कॉमेडी अनेक प्रकार की होती है। इनमें से एक को 'स्लैपस्टिक कॉमेडी' कहते हैं। इसका उद्देश्य दर्शकों को किसी न किसी तरह हँसाना होता है। इसका जीवन की सुकुमार भावनाओं, मनोवैज्ञानिक विवेचन, सौन्दर्यानुभूति, जीवन के यथार्थ चित्रण, उच्च आदर्शों आदि से कुछ लेना-देना नहीं होता। बस दर्शक किसी तरह हँसते हुए लोट-पोट हो जाएँ, कुर्सी पर उचक जाएं और ठहाका रोक न सकें–इसी में 'स्लैपस्टिक कॉमेडी' की सफलता है। चार्ली चैपलिन की प्रारम्भिक फ़िल्में इसी कोटि की थीं।

साहित्य और कला में नवरस स्वीकृत हैं। एकरसता अंततः रसहीन हो जाती है। अतः इस परिप्रेक्ष्य में, 'कथा एक कंस की', 'रक्त-अभिषेक', 'सीढ़ियाँ' और 'अशोक' जैसे मिथक और इतिहास पर आधारित नाटकों के साथ, 'इतिहास चक्र', 'इतिहास (गाथा)', 'मन के भँवर', 'सांझ-सवेरा' जैसे सामाजिक नाटकों की शृंखला में प्रस्तुत है यह अतिरंजित हास्य-नाटक 'दुस्मन-उर्फ़ सैंया मगन पहलवानी में'। यह रंगमंच के सर्वाधिक लोकप्रिय आयाम–निर्बाध मनोरंजन के संसार में, दर्शकों और पाठकों की परितुष्टि करेगा। आशा है दर्शक इसको स्वीकार करेंगे।

पिछले तीस वर्षों में अनेक निदेशकों ने 'दुस्मन' अलग-अलग शहरों में मंचस्थ किया है। इनमें जे.पी. सिंह द्वारा निर्देशित नाट्य-प्रस्तुति मुझे बहुत पसन्द आयी। विशेषकर गीतों का समावेश। मैंने जे.पी. की स्वीकृति से नाटक में उन गीतों को शामिल कर दिया है।

दशकों से 'दुस्मन-उर्फ़ सैंया मगन पहलवानी में' नाटक दर्शकों का मनोरंजन कर रहा है। मैं आशा करता हूँ कि आगे भी करता रहेगा।

मई 2013 **दया प्रकाश सिन्हा**

पात्र-परिचय

1. **हिकमतसिह** : आयु 28 वर्ष, पहलवान, गम्भीर, किन्तु मूर्ख।
2. **गोली प्रसाद** : आयु 22 वर्ष, हिकमतसिंह का चेला, वाचाल और मूर्ख।
3. **मामू** : आयु 55 वर्ष, हिकमत सिंह का मामा, क्षीणकाय, बुद्धिमान, किन्तु काइयाँ।
4. **माँ** : आयु 50 वर्ष, हिकमत सिंह की माँ।
5. **लीला** : आयु 21 वर्ष, हिकमतसिंह की पत्नी।

प्रथम अंक

स्थान : उत्तर प्रदेश का एक कस्बा
समय : वर्तमान

(पर्दा खुलने पर एक निम्न मध्य-वर्ग के मकान का एक कमरा दिखाई पड़ता है। इसके पीछे की दीवार में बार्यी ओर को हटकर एक खिड़की है। बार्यी दीवार में एक द्वार है, जो पूरे नाटक भर बन्द रहता है। इस पर एक बहुत बड़ा ताला लटक रहा है। यह द्वार पड़ोसी के घर में खुलता है। दार्यी दीवार में दो द्वार हैं। आगे दर्शकों के निकट का दार्यी दीवार का द्वार घर के भीतर आने-जाने के लिए है। दार्यी दीवार का पीछे का द्वार घर के बाहर आने-जाने के लिए है। पीछे की दीवार पर बीचोंबीच में हनुमान जी की बड़ी तस्वीर टंगी है तथा दार्यी दीवार के पास दोनों द्वारों के बीच में आदम-कद शीशा रखा है। इसके अतिरिक्त कमरे में कसरत करने का सामान—गदा, मुग्दर, डम्बल इत्यादि यथास्थान रखे हैं। बार्यी दीवार की तरफ आगे एक स्टूल पर कटोरे में बादाम और चने भीगने के लिए रखे हैं। बैठने के लिए एक छोटा तख्त, स्टूल, मचिया इत्यादि रखे हैं। एक कोने पर अरगनी पर लंगोट सूख रहा है। शीशे के सामने हिकमत सिंह नंगे बदन, लंगोट पहने, दण्ड लगा रहा है।)

(पर्दा खुलने पर, प्रकाश वृत्त में, पीछे की दीवार के समानान्तर, केवल लंगोट पहने नंगे बदन हिकमत सिंह दंड लगाता हुआ दिखाई पड़ता है। उसके पैर बाईं दीवार की तरफ़ है, और सिर हनुमान जी की तस्वीर के ठीक नीचे है। कुछ क्षणों पश्चात, प्रकाश के दूसर को उद्‌भासित करता है, जो मंच पर आगे दार्यी और खड़े है और गाते हैः—

सइयाँ मगन पहलवानी में, लल्ला मगन पहलवानी में।
दुनियादारी ताक में रखके ज़ोगी बन जबानी में ॥ सइयाँ...)
(गीत समाप्त होने पर, गायक-वृन्द से प्रकाश वृत्त लुप्त हो जाता है। प्रकाश-वृत्त में हिकमत सिंह दण्ड लगाता रहता है।)

हिकमत : **(दण्ड लगाते हुए)** नौ सौ सत्तानबे **(मामू का प्रवेश दायीं दीवार के पीछे के द्वार से)** नौ सौ अठानबें, नौ सौ निन्यानवें। एक हजार।

(पूरा मंच प्रकाशित हो जाता है)

मामू : हजार! ग़ज़ब!! शाबाश भांजे हिमाकत, शाबाश।

हिकमत : **(उठते हुए)** हनुमान स्वामी की जय। **(उठकर लुंगी लपेटते हुए)** कहो मामू क्या हालचाल हैं?

मामू : सोचा बहुत दिन हो गए, ज़रा चलकर अपनी बहन को देख आऊँ और अपने भरमचारी भांजे के हालचाल ले आऊँ।

हिकमत : **(बनियान पहन कर)** महाबीर स्वामी की दया से अपने तो चंगे हैं। सब मौज ही मौज है। **(कटोरे से भीगे चने निकालकर मुँह में डालते हुए)**। हिकमत सिंह का डंका बज रहा है चारों ओर ताल ठोककर।

मामू : ऐ ग़ज़ब।

हिकमत : दुस्मन का दिल दहल जाता है। **(मामू से)** तुम भी खाओ।

मामू : क्या प्रसाद है?

हिकमत : नहीं भीगे चने हैं।

मामू : चने! ना बाबा न। तुम्हीं खाओ यह घोड़ों का चारा।

हिकमत : मामू, दुस्मन की हिम्मत नहीं पड़ती मेरे सामने पड़ने की। सामने से ऐसे दुबक कर निकल जाता है जैसे भीगी बिल्ली। इतनी भी हिम्मत नहीं उसकी कि नजर से नजर मिला सके।

मामू : ओह, तो दुस्मन पर बीस हो आजकल।

हिकमत : **(गर्व से)** मेरा नाम हिकमत सिंह है। **(अचानक आयी विनम्रता की लहर में)** सब बजरंगबली की किरपा है। **(दहाड़ते हुए)** जय बजरंगबली। तोड़ दुस्मन की नली।

मामू : ऐ ग़ज़ब! क्या खूब कहा। तोड़ दुस्मन की नली।

हिकमत : मामू, कल छम्मा गुरू से मुकाबला हो गया ताल ठोककर। बड़े बनते थे अपने आपको। ऐसे चलें जैसे गामा पहलवान

के बाद ये ही पैदा हुए हैं। अखाड़ा सत्ती टोला में हमारे चेले जाते हैं। सो हम भी गए थे। छम्मा गुरू भी अपने चेलों के साथ वहाँ आए थे...

मामू : **(रुचि दर्शाते हुए)** अच्छा तो...

हिकमत : चेले आपस में दाव-पेंच खेल रहे थे। इसी में हमारे चेले गोली को उसके चेले कालू ने चित्त कर दिया। बस, इतनी-सी बात पर छम्मा गुरू बोले—कालू आखिर चेला किसका है!

मामू : तो... तुमने क्या कहा?

हिकमत : मेरे बदन में आग लग गयी। बाल भरमचारी के आगे, ढीली लंगोटी वाले छम्मा महाराज की इतनी हिम्मत। देखते ही देखते मेरा मुँह गुस्से में हनुमान जी की अबीरी सा लाल हो गया। ललकार कर कहा मैंने—गोली तो कल का बच्चा है। हिम्मत हो तो गोली के गुरू से पंजा लड़ाओ।

मामू : शाबाश!

हिकमत : कालू तो कालू, उसके गुरू को भी आसमान न दिखा दूं तो कहना।

मामू : क्या खूब कहा हिमाकत! वाह!

हिकमत : बस छम्मा महाराज अखाड़े में उतर आया। मैंने कहा—एक मिनट ठहरो।

मामू : क्यों?

हिकमत : छम्मा महाराज ने भी पूछा—क्यों? मैंने कहा अगर मैं चित्त हुआ तो मैं अपनी मूछें मुंडवाऊँगा और अगर तुमने मिट्टी चाटी तो तुम्हें यहीं सबके सामने मेरी टाँगों के नीचे से निकलना पड़ेगा।

मामू : वाह हिमाकत, वाह! क्या सूझ है। टांग के नीचे से निकलना पड़ेगा। तुम्हीं यह सोच सकते हो। उसने मंजूर किया?

हिकमत : हाँ। फिर तो वह मुकाबला हुआ कि बस कुछ न पूछो। सुरू में उसने मुझे दबाया लेकिन मामू, भरमचारी तो भरमचारी! मैंने उसके लंगोट को पकड़कर घुमाया और एकदम गर्दनिया डाल दी। चिमटा पकड़ में बच्चू बहुत छटपटाये, मगर एक न चली।

मामू : फिर?

हिकमत : फिर क्या? मैंने एकलंगी लगाकर वह धोबीपछाड़ दांव लगाया कि छम्मा महाराज आसमान देख रहे थे। **(खुशी से)** जय बजरंगबली।

मामू : **(नकल करते हुए)** जय बजरंगबली।

हिकमत : छम्मा महाराज का सब रंग झड़ गया। अपने चेलों-चापड़ों के आगे बच्चू को मेरी टांगों के नीचे से निकलना पड़ा। सब हनुमान स्वामी की दया है **(शीशे के सामने जाकर अपनी बांहों की मछलियों की प्रशंसा की निगाहों से देखते हुए)** यह बल्ले भरमचार और कसरत का फल है। **(मामू से)** मारो घूंसा। **(मामू हिचकिचाते हैं)** हां, हां, मारो घूंसा। मारो। **(मामू बांह पर घूंसा मारते हैं)** जरा जोर से मारो **(मामू फिर घूंसा मारते हैं)** ज़रा और जोर से...

मामू : **(दाहिने हाथ के पंजे को बायें हाथ से सहलाते हुए)** इन पर घूंसा मारने के लिए मुझे तो किराये पर आदमी बुलाने पड़ेंगे।

हिकमत : **(अपनी बांह के मसल देखता हुआ)** पवनसुत बजरंगबली की इसी कृपा से दुस्मन को चूहा बना दिया है। पिता जी की अंतिम इच्छा पूरी करने में हनुमान स्वामी जानते हैं, हिकमत सिंह ने कोई कसर बाकी नहीं रखी।

मामू : पिताजी की अंतिम इच्छा?

हिकमत : तुम तो जानते ही हो मामू, हमारे खानदान की और दुस्मन के खानदान की पुस्तैनी दुस्मनी है। हमारा खानदान कभी भी दुस्मन के खानदान के आगे नीचा नहीं पड़ा। पिताजी की आखिरी इच्छा यही थी कि जिस तरह उन्होंने खानदान की इज्जत को बचाये रखा उसी तरह मैं भी खानदान की इज्जत पर आँच न आने दूँ। मरते समय बप्पा मुझसे बोले थे-बेटा हिकमत, दुस्मन से हमेसा बीस रहना ताल ठोककर, यही हमारी आखीरी इच्छा है।

मामू : आखिर तुम्हारा और तुम्हारे दुस्मन का झगड़ा किस बात का है? तुम्हारे बाप से भी पूछा था, लेकिन उन्होंने नहीं बताया।

हिकमत : खानदानी झगड़ा है मामू। बाप-दादा के जमाने से चला आ रहा है।

मामू : आख़िर कब से।

हिकमत : दुस्मन के नगड़ दादा के बाप ने हमारे नगड़ दादा के बाप को जान से मार डाला। तब ही से यह बात ठन गई कि हम दोनों के खानदानों में से सिर्फ एक का बारिस रहेगा, अगर रहेगा तो।

मामू : इस हिसाब से तुम्हारे दुस्मन के परदादा को तुम्हारे नगड़दादा के बाप ने मार कर बदला लिया होगा।

हिकमत : **(गर्व से)** बेसक। लेकिन परदादा के जमाने में हम दोनों खानदानों ने तय कर लिया था कि एक-दूसरे की जान नहीं लेंगे, लेकिन दुस्मनी बरकरार रखेंगे।

मामू : ऐ गज़ब! अचानक यह अहिंसा कैसे सूझ गई?

हिकमत : परदादा के जमाने से अंग्रेज़ी राज आ गया था। उसमें मरने वाला तो मरता ही, साथ ही मारने वाले को भी फांसी चढ़ना पड़ता। इस तरह दोनों खानदानों के बारिस मर जाते। यह दुस्मनी की सर्त के खिलाफ था। दुस्मनी की सर्त के माफिक केवल एक ही बारिस को मरना चाहिए था। इस तरह दोनों परदादाओं ने दुस्मनी की सर्तों में तबदीली कर दी, और यह तय पाया कि दोनों ही बारिस ज़िन्दा रहकर दुस्मनी निभायें ताल ठोककर।

मामू : वाह, क्या ज़िन्दा-दिल दुस्मनी है। मगर भांजे यह तो बताओ, इस दुस्मनी की वजह क्या है?

हिकमत : बताया न, दुस्मन के नगड़दादा के बाप नें हमारे नगड़दादा के बाप को मार डाला था।

मामू : यह तो सुन लिया। मैं पूछता हूँ कि इसकी शुरुआत कैसे हुई?

हिकमत : सुरुआत?

मामू : दुस्मन के नगड़दादा के बाप ने तुम्हारे नगड़दादा के बाप को क्यों मारा था?

हिकमत : यह तो मैं नहीं जानता।

मामू : **(व्यंग से)** ऐ गज़ब! यह भी नहीं जानते कि दुस्मनी की वजह क्या है, फिर भी दुमनी ठाने बैठे हो।

हिकमत : दुस्मनी है, तो बस दुस्मनी है। वजह कुछ भी रही हो। खानदान की इज्जत मैली नहीं हो सकती, जब तक हिकमत सिंह ताल ठोककर जिन्दा है। हाँ! जय बजरंगबली।

(अचानक बाँये पार्श्व से किसी के गरारा करने की आवाज़ आती है। हिकमत सिंह दौड़कर खिड़की के पास जाता है।)

हिकमत : सुना मामू, दुस्मन कितनी जोर से गरारा कर रहा है। **(भीगे चने का पानी मुँह में डालकर खिड़की के बाहर मुँह कर गरारा करता है, फिर खुश होकर)** देखा मामू, मैंने दुस्मन की आवाज़ बन्द कर दी। कितने जोर-जोर से गरारा कर रहा था। मैंने उससे दूनी आवाज़ में गरारा किया, तो बस, बच्चू चुप होकर चले गये।

मामू : **(व्यंग से)** तुमने खानदान की इज्ज़त बचा ली।

हिकमत : **(शीशे के सामने अपने शरीर को प्रशंसा से देखता हुआ)** चुप कैसे न हो जाता। भरमचर और कसरत का मुकाबला करना आसान नहीं है। **(सांस से सीना फुलाकर सीने पर हाथ मारते हुए)** बज्र देह दानव दलन, जय जय जय कपि सूर।

मामू : भांजे, अगर तुम दोनों में इतनी दुश्मनी है, तो पास-पास क्यों रहते हो? दूर रहो तो तुम दोनों को ही चैन रहे।

हिकमत : हम दोनों खानदान हमेसा से ही पास-पास रहते आये हैं। हमारे नगड़दादा के बाप और दुस्मन के नगड़दादा के बाप एक ही घर के दो हिस्सों में रहते थे।

मामू : दुस्मनी शुरू होने के पहले तो ठीक था, लेकिन दुस्मनी के बाद तो अलग-अलग हो जाना चाहिए था।

हिकमत : कैसे हो जाते दूर? जो भी मकान छोड़कर दूसरी जगह जाता उसे समझा जाता कि वह डर गया। इसलिए दोनों खानदान एक ही घर में डटे रहे ताल ठोककर।

मामू : ऐ गज़ब!

हिकमत : पहले हम दोनों के पुरखे धनकुट्टापुरे के मकान में रहते थे। वह घर जब गिरने लगा तो हमारे दादा ने यह मकान सिर्फ़ अपने ही लिए नहीं, बल्कि दुस्मन के लिए भी ठीक किया।

मामू : **(हँसते हुए)** ऐ गज़ब? नये मकान में आये और साथ-साथ दुस्मन को भी नये मकान में लेते आये। तेरे साथ-साथ सनम।

हिकमत : अगर हमारे दादा यह न करते तो दुस्मन के दादा कहते कि डर कर भाग रहे हैं।

मामू : वाह हिमाकत।

(तभी कोई लड़का खिड़की से चोली में कंकड़ लपेट कर कमरे में फेंकता है।)

मामू : किसी ने कुछ फेंका?

(हिकमत उसे उठाकर खोलता है, लेकिन चोली देखकर एकदम झटक कर दूर फेंक देता है।)

हिकमत : **(बिगड़ते हुए खिड़की के पास जाकर)** खड़े रहो, खड़े रहो, भागो मत। अभी तुम्हें पीटकर बुकनी बनाता हूं। बदमास कहीं के। भाग गये। मिल जायें तो साबित ही गाढ़ दूँ जमीन में।

मामू : क्या हुआ? किस पर बिगड़ रहे हो?

हिकमत : यह मुहल्ले के लड़के हैं। बहुत ही बदमास हैं। किसी दिन दो-चार हाथ पड़ जायेंगे तो ठीक होंगे।

मामू : यह तो चोली है?

हिकमत : कभी ब्लाउज फेंकते हैं, तो कभी चोली।

मामू : **(हँसकर)** भरमचारी का धरम भ्रष्ट करने के लिए?

(हिकमत मामू की छड़ी से ब्लाउज उठाकर खिड़की की तरफ बढ़ाता है।)

मामू : क्या करते हो?

हिकमत : फेंक रहा हूँ, और क्या करूँ?

मामू : **(एकदम बढ़कर ब्लाउज हाथ में लेते हुए)** लाओ मुझे दे दो। बन्दर के हाथ में तो हीरा भी पत्थर। **(सूंघकर)** इत्र की खुशबू आ रही है। हिमाकत, लगता है तुम्हारा पूरा दिमाग पिघल कर तुम्हारी बांहों में भर गया है, और खोपड़ी एकदम खाली हो गई है। चोली भी भला फेंकने की चीज़ है।

हिकमत : मामू तुम मुझे हिमाकत क्यों कहते हो। मेरा नाम हिमाकत नहीं, हिकमत सिंह है।

मामू : हिमाकत माने नहीं जानते?

हिकमत : नहीं।

मामू : भांजे, हिमाकत उर्दू का शब्द है। हिमाकत माने हिम्मती।

हिकमत : ओह, अब समझा।

मामू : **(व्यंग से)** चलो कुछ तो समझे।

हिकमत : कहो तो मामू, मैं अपना नाम हिकमत से बदलकर हिमाकत

सिंह कर दूँ?

मामू : **(आती हँसी को रोककर)** नाम तो तुम्हारा हिमाकत ही होना. चाहिए, लेकिन हिकमतसिंह तुम्हारे पिता का रखा हुआ नाम है इसलिए इसे ऐसा ही रहने दो।

(माँ का दायीं दीवार के आगे के द्वार से प्रवेश)

माँ : मामा-भांजे में क्या सलाह हो रही है?

मामू : बहन ज़रा भांजे से बातें करने लग गया। मैं तेरे पास ही आ रहा था।

माँ : **(मामू से)** मैं कहती हूँ, तुम इसके मामा हो। कब तक यह बिना नकेल के छुटटा घूमेगा।

मामू : अरे तुम जब कहो तब डाल दें नकेल।

हिकमत : अम्मा को और कोई बात ही नहीं है।

माँ : मैं तो लाख बार कह चुकी, मगर मेरी बात सुनता ही नहीं। लछमनपुर वाले चौधरी साहब मसहूर आदमी हैं। उनकी लड़की मेरी देखी हुई है।

मामू : सुंदर है?

माँ : एकदम सरसती का रूप है।

हिकमत : खबरदार! मैंने कह दिया अम्माँ, यह बजरंगबली का मंदिर है—यहाँ मैं कसरत करता हूँ। यहाँ किसी मादा जाति का नाम न लो।

मामू : अरे वाह भांजे, लड़की के नाम से तो ऐसे बिदकता है जैसे अनाड़ी टट्टू।

माँ : देख लो इसे भैया, जहाँ सादी की बात चलाओ बस बिगड़ना सुरू कर देता है।

मामू : बुद्धू है एकदम। शादी की बात में बिगड़ना चाहिए। एक मुझे देखो, हैं, हैं।

माँ : अरे भैया यही उमर है सादी करने की। अगर अब सादी नहीं की तो बुढ़ापे में सादी करने से क्या फायदा।

मामू : फायदा तो शादी में हर उमर में है। चाहे जवानी हो या बुढ़ापा। फरक बस इतना है कि जवानी में शादी हो जाती है, बुढ़ापे में कोई पूछता नहीं। मुझी को देखो बहन, मैं शादी करने को तैयार बैठा हूँ, अब कोई पूछता ही नहीं।

माँ : सरम खाओ। बात भांजे की सादी की हो रही है, अपनी सादी की बात करने लगे।

मामू : मैं तो बात की बात में कह रहा हूँ। मैं तो इस बुढ़ापे में भी शादी करने को तैयार बैठा हूँ। और एक हमारे भांजे हैं हिमाकत सिंह, जो भरी जवानी में भरमचारी बने बैठे हैं। **(हिकमत से)** लानत है तुम्हारी पहलवानी पर। तुम्हारी जवानी पर।

हिकमत : तुम दोनों भाई-बहन क्यों मुझे परेसान करते हो।

मामू : ऐ ग़ज़ब! तुम्हारी शादी की बात करना तुम्हें परेशान करना हो गया। हे भगवान, हमें भी कोई इस तरह परेशान करे।

हिकमत : मैं सबसे कई बार कह चुका हूँ।

मामू : एक बार फिर कह दो।

हिकमत : मुझे सादी नहीं करनी है, नहीं करनी है।

मामू : क्यों नहीं करनी है?

माँ : हाँ... क्यों नहीं करनी है?

हिकमत : मुझे दुस्मन का मुकाबला करना है ताल ठोककर।

मामू : दुस्मन तो हर दिन का है। उसके लिए हम अपनी रोटी-दाल, खाना-पीना, बियाह-शादी तो नहीं बन्द कर सकते।

हिकमत : मैं पहलवान हूँ, कसरत करता हूँ।

मामू : अरे शादी के बाद कसरत दोगुनी हो जायेगी। दोनों मिलकर करना...कसरत।

माँ : कसरत करते हो तो करो। पहलवानी करते हो तो करो। कोई रोकता नहीं। लेकिन सादी भी करो। **(मामू से)** मैं अकेली भैया, सुबह से रात तक घर के काम में बिंधी रहती हूँ। इनको पाला, बड़ा किया, जवान किया।

मामा : गलत किया।

माँ : अब क्या इनका फ़रज नहीं है कि मुझे बुढ़ापे में सुख दें। बहू आ जाये तो मुझे कितना सहारा हो जाये।

हिकमत : **(समझाते हुए)** अम्मा, मैंने कह दिया, मैं सादी नहीं कर सकता।

मामू : मैं पूछता हूँ, आख़िर तुम शादी क्यों नहीं कर सकते? लंगड़े हो, लूले हो, मैं पूछता हूँ आख़िर शादी क्यों नहीं कर सकते?

क्या वो हो। **(ताली बजाकर हिजड़ों की नकल करता है)**

हिकमत : मैंने हनुमान जी की कंठी ली है।

मामू : कंठी ली है? तोड़ दो कंठी।

हिकमत : मैं भरमचारी हूँ।

मामू : भरमचारी हो, तो हो भाई। हम लोग कब कहते हैं कि भरमचारी न हो। भरमचारी रहो लेकिन शादी ज़रूर करो।

हिकमत : कैसे?

मामू : भरमचारी हो तो किसी भरमचारिनी से शादी कर लो। क्यों ठीक कहा न बहन!

माँ : भइया, यह कंठी-वंठी सब मुझे सताने को है। यह चाहता है कि मरते दम तक मैं इसकी चाकरी करूँ। यह तो चेले चापड़ लिए डंडे-गोपाली करता घूमेगा और मुझे मरते वक्त कोई पानी भी पूछने वाला घर पर न होगा। **(रूँधे गले से)** किसी को क्या कहूँ, सब मेरे पिछले जनम के करमों का फल है। **(आँसू पोंछती हुई दायीं दीवार के आगे के द्वार से घर के भीतर जाती है।)**

मामू : भांजे हिमाकत, तूने मेरी बहन को बड़ा दुखी किया है। **(प्रस्थान घर के भीतर)**

हिकमत : **(हनुमान जी की तस्वीर के आगे हाथ जोड़कर)** हनुमान स्वामी, अपने भगत की रच्छा कर।

(दायीं दीवार के पीछे के द्वार से गोली का प्रवेश।)

गोली : गुरू महाराज! जय बजरंगबली!

हिकमत : चेला, जय बजरंगबली। **(गोली हिकमत के पैर छूता है।)** बजरंगबली, तेरी बात बड़ी, तोड़ दुस्मन की नली।

गोली : गुरू महाराज, कल छम्मा गुरू को तुमने जो पटकनी दी है, बस मजा आ गया। आज कालू बाजार में हल्दी खरीदता मिला। अपने उस्ताद छम्मा के लिए खरीदता होगा।

हिकमत : चाहे हल्दी-चूना लगायें या कुछ और, छम्मा बेटा हमें कभी नहीं भूल सकेंगे। जब-जब पुरवइया चलेगी, तब-तब सरऊ का जोड़-जोड़ पिरायेगा, और हमें याद करेगा।

गोली : मूरख है, चला था हमारे गुरू से टकराने।

हिकमत : **(सीने पर हाथ मारते हुए)** मेरा सीना एकदम चट्टान है।

चाहता तो छम्मा गुरू को भींच कर चटनी बना देता।

गोली : गुरू तुम्हारी तो धाक जम गई है चारों ओर।

हिकमत : **(गंभीरता से)** चेला गोली, तुम क्यों कालू से हार गये?

गोली : गुरू बखत की बात है।

हिकमत : बोल तेरा भरमचर ठीक है?

गोली : बिल्कुल गुरू, बिल्कुल।

हिकमत : तब कैसे हार गया?

गोली : वकत की बात...।

हिकमत : तू आजकल लड़कियों के बीच में तो नहीं उठता-बैठता?

गोली : नहीं गुरू?

हिकमत : लड़कियों से बातें तो नहीं करता?

गोली : बिल्कुल नहीं गुरू?

हिकमत : उनकी ओर देखता तो नहीं?

गोली : नहीं गुरू, एकदम नहीं।

हिकमत : तो उनके बारे में सोचता होगा?

गोली : नहीं, बिल्कुल नहीं।

हिकमत : तू लड़कियों के साथ उठता-बैठता नहीं, बात नहीं करता, उन्हें देखता नहीं, उनके बारे में सोचता नहीं। तब तू जरूर लड़कियों जैसे कवियों का साथ करता होगा।

गोली : न, गुरू।

हिकमत : जरूर तू जनाने कवियों की परेम कविता पढ़ता होगा? सुनता होगा?

गोली : गुरू, कैसी बातें करते हो? मैं हनुमान जी का भक्त, मरद होकर कवियों के बीच उठूं-बैठूंगा?

हिकमत : तब क्या बात हो सकती है? तू मेरा खास सिस्य है। तुझ पर घमण्ड है। बता तू क्यों हार गया? बोल?

गोली : मैं क्या जानू?

हिकमत : **(खड़े होकर जोश में)** देख बजरंगबली को देख। फिर मुझे देख।

गोली : देख रहा हूँ।

हिकमत : गुरू और गोविन्द दोनों तेरे आगे खड़े हैं। सच-सच बता, क्या बात है?

गोली : **(अचकचाया-सा)** गुरू महाराज।

हिकमत : सच बोल। तूने बजरंगबली की कंठी धारन की है,

गोली : हाँ की है।

हिकमत : भरमचारी की लंगोटी पहनी है...

गोली : आज नहीं पहनी है।

हिकमत : क्यों नहीं पहनी है? सच बोल, नहीं तो तू नस्ट हो जायेगा। तेरा सत्यानास हो जाएगा। हनुमान जी की गदा तेरा सर फोड़ देगी। बोल, सच बोल।

गोली : महाराज एक लड़की है...।

हिकमत : क्या नाम है उसका?

गोली : **(सफाई के स्वर में)** न, न। मैं न तो उसके साथ उठता-बैठता हूँ, न बात करता हूँ, न देखता हूँ और न ही उसके बारे में सोचता हूँ।

हिकमत : कौन है वह लड़की?

गोली : हमारे मोहल्ले में ही रहती है। उसके माँ-बाप उसकी सादी मुझसे करना चाहते हैं। हमारे माँ-बाप को भी यह रिस्ता पसन्द है। लेकिन मैंने सादी को एकदम मना कर दिया है। मैं सादी नहीं करना चाहता।

हिकमत : तो?

गोली : दिन-रात हमारी अम्माँ उस लड़की की तारीफ मुझसे किया करती है। कहती है, रतना बहू बनकर आये तो यह हो जाये, वह हो जाये। सब हो जाये।

हिकमत : देखा तुमने! मैं ठीक समझा था। तुम दिन-रात लड़की का नाम सुनते हो, इसीलिए तुम हार गये। लड़की का नाम भी बरमचारी की सक्ति कम कर देता है। समझे तुम?

गोली : हाँ महाराज, यहाँ तो समझ में आ गया, लेकिन वहाँ अम्मा को कौन समझाये।

हिकमत : चलो बजरंगबली से माँफी माँगो। उसके आगे माथा टेको नाक रगड़ो।

गोली : **(साष्टांग लेटता हुआ)** महावीर स्वामी 'एक्सक्यूज़ मी।'

हिकमत : बजरंगबली, अपने भगत को छमा करो। इसने तुम्हारी कंठी पहनी है, तुम्हारा लंगोटा पहना है। इसे छमा करो। **(गोली**

से) बोलो, हे बजरंगबली...।

गोली : हे बजरंगबली...।

हिकमत : हम तुम्हारे बन्दर हैं, लंगूर हैं।

गोली : **(दोहराते हुए)** ये तुम्हारे बन्दर हैं। लंगूर हैं।

हिकमत : हमें छमा करो।

गोली : इन्हें छमा करो।

हिकमत : अब उठो। **(गोली उठता है)** अब मेरे पैर पड़ो। **(गोली गुरू के पैर पड़ता है।)** मैंने भी तुम्हें छमा किया। अब उठो। **(हाथ जोड़कर)** जय बजरंगबली।

गोली : **(हाथ जोड़कर)** जय बजरंगबली।

(नेपथ्य में बन्दूक छूटने की आवाज़)

हिकमत : यह कैसी आवाज़ है **(दौड़कर पीछे की खिड़की से बाहर झाँकता है। गोली भी हिकमत सिंह के पीछे जाकर खिड़की से झाँकता है)।**

गोली : घर है या आतंकवादी अड्डा।

(मामू भी घर के भीतर से निकल कर खिड़की के पास जाते हैं। तब ही एक गोली और छूटती है।)

मामू : यह बन्दूक कौन चला रहा है?

हिकमत : दुस्मन के घर वाले बन्दूक चला रहे हैं।

मामू : क्यों? दुश्मन के यहाँ कोई खुशी हुई है क्या?

माँ : **(प्रवेश करके)** उसका गौना आज होकर आया है। उसी में बन्दूक छुड़ा रहा होगा।

गोली : **(खुशी से)** गौना?

माँ : मुए तू क्यों खुस हो रहा है?

गोली : गौना होकर आया है न।

मामू : ओ हो, गौना होकर आया है। सुनो भांजे, तुम्हारा पड़ोसी आबाद हो गया आज से।

माँ : इससे क्या कहते हो? लगता है मेरे मन की मन ही में रह जाएगी।

हिकमत : गधा है एकदम।

मामू : पता नहीं कौन गधा है?

हिकमत : गौना हुआ है तो उसमें बन्दूक छुड़ाने की क्या ज़रूरत! सारे

मुहल्ले को बता देना चाहता है।

मामू : क्यों न छुड़ाये बन्दूक? क्यों न बताये मुहल्ले वालों को, बियाह करके लाया है घरवाली को। कोई भगाई-वगाई होती तो सब चुपचाप करता।

माँ : भगवान जाने कब इस हिकमत को समझ आयेगी।

गोली : कभी नहीं।

माँ : कब मैं बहू का मुँह देखूँगी।

गोली : कभी नहीं।

मामू : **(गोली से)** अबे चुप। **(माँ से)** जब इसकी मामी आयी थी, तो तीन दिन तक नौबत बजी थी मेरे घर। शहनाई वालों ने चीख-चीखकर मुहल्ले को ही नहीं पूरे शहर को बता दिया था।

माँ : इसकी तो मति भरस्ट हो गयी है।

मामू : गौने की खबर सुनकर मेरे दिल में तो जैसे नरम-नरम कुछ-कुछ होने लगता है। ताज्जुब तो यह है बहन कि इस पर कुछ असर नहीं हुआ।

माँ : अभागा है!

मामू : एकदम सूखा ठूंठ, हरियाली कहीं है ही नहीं।

हिकमत : **(बिगड़कर)** तुम लोग अपनी बकवास बन्द करो।

मामू : सुन लो बहन, यह बकवास है। दुनिया की सबसे मीठी बात शादी बकवास है। भांजे हिमाकत! तेरी बात कोई सुने तो कहे बूढ़ा है। तुमसे ज्यादा जवान तो मैं हूँ।

हिकमत : तो मामू तुम अपनी सादी कर लो।

मामू : मैं तो तैयार बैठा हूँ।

गोली : बैठे ही रहिए।

मामू : लेकिन कोई पूछने वाला ही नहीं है। और एक तू है जिसके पीछे लोग शादी को पड़े हैं। इस दुनियाँ में न्याय नहीं है।

माँ : इस पर किसी बात का कोई असर नहीं। किसी के कहने का कोई ख़्याल नहीं। एकदम चिकना घड़ा है।

मामू : ज़रा सोचो, तेरे दुश्मन के घर में इस समय रौनक ही रौनक होगी। वहाँ गोरे-गोरे नाजुक हाथों में काली चूड़ियाँ पहने उसकी बहू बैठी होगी। इसके खिलाफ तेरे घर में यह **(गोली**

की तरफ इशारा करके) सूरतहराम मुसण्डा बैठा है।

हिकमत : मामू, इसे कुछ न कहो। खबरदार!

माँ : **(वितृष्णा से दोहराते हुए)** इसे कुछ न कहो।

मामू : ज़रा सोचो तो भांजे, दुश्मन की शादी हो गयी, तेरी शादी नहीं हुई। अब बता कैसे तू दुश्मन का मुकाबला करेगा?

हिकमत : मैं हर चीज़ में दुस्मन से बढ़-चढ़कर हूँ। मैं अगर उसके एक हाथ मार दूँ ताल ठोककर, तो दिन में उसको तारे दिखाई दे जायें। मेरा क्या खा के वह मुकाबला करेगा।

मामू : सादी में तेरा खानदान उससे कम पड़ गया।

हिकमत : शादी के अलावा तो किसी चीज़ में कम नहीं है ताल ठोककर।

मामू : तो शादी में ही क्यों कम रहे। उसमें भी दुश्मन को मात दे। तेरी बहू दुश्मन की बहू से ज्यादा सुन्दर होगी, उसकी मेरी जिम्मेदारी है।

हिकमत : उसमें तो मजबूरी है।

मामू : क्या मजबूरी है? क्या तुम वो हो? (दोनों हाथ से ताली बजाकर दिखाता है)

गोली : गुरू जी ने हनुमान स्वामी की कंठी पहनी है। बजरंगबली का लंगोट बांधा है।

माँ : **(बिगड़कर गोली से)** बड़ा आया गुरू जी वाला। तुम्हीं ने मेरे बेटे को भड़काया है। इस सबकी जड़ में तुम्हीं हो। आफत का परकाला!

हिकमत : खबरदार अम्माँ। हमारे चेले को कुछ मत कहना। मैं यह बर्दास्त नहीं करूँगा।

माँ : हाँ, हाँ, माँ पर जितना चाहो बिगड़ लो। जिसने तुझे पाल-पोसकर बड़ा किया वह कुछ नहीं। यह लफंगा तुम्हारा बड़ा सगा हो गया। जो कुछ वह सलाह दे वही करो। मैंने भी कसम ले ली आज से, जो तुझसे कुछ भी कहूँ अब। हाँ! **(क्रोध में घर के भीतर प्रस्थान)**

मामू : **(कान पर हाथ रखते हुए।)** खनून्, खनून्...पायल और कंगन की मिली-जुली आवाज़। ज़रा सुनो...**(हिकमत सिंह और गोली ध्यान देकर सुनते हैं।)** हाँ, हाँ सोलहों आने पायल और कंगन की मिली-जुली आवाज़ है। **(हिकमत सिंह से)** तेरी मामी

की याद आ गई मुझे। मरते दम तक वह कंगन और पायल पहनती थी। **(बाई ओर के द्वार की ओर इशारा करते हुए)** इस दरवाज़े के उधर तुम्हारा दुस्मन रहता है।

हिकमत : हाँ।

मामू : तब तो बेशक उसकी नई दुल्हन इसी कमरे में है। **(दरवाज़े के पास जाकर किवाड़ में कान लगाकर)** वह यहीं है। **(किवाड़ के एक छेद में आँख लगाकर देखता है)** वाकई हिमाकत वह यहाँ बैठी है। मुझे इस छेद से दिखाई पड़ रही है। **(छेद से फिर देखकर)** आहा, बिल्कुल स्वर्ग की अप्सरा है। कैसा गोरा-गोरा रंग है– जैसे...जैसे चांदनी। क्या अल्हड़ जवानी है–बिल्कुल पहाड़ी नदी जैसी, भरी भरी, चिकनी बांहें, नाजुक कलाई और उसमें चमकती लाल-लाल चूड़ियाँ। **(उदास स्वर में)** भांजे, मुझे तेरी मामी बड़ी याद आ रही है। **(छेद से फिर देखकर)** हाय, हाय, उसकी आँखें तो देख...काली-काली, आँखों को देखकर लगता है जैसे आँखें नहीं दो भौरे बैठे हैं! आँखों का कटीला काजल दूर तक खिंचा है। हाय, मेरे दिल को चीर गया। **(फिर छेद देखकर)** उसके होंठ, पतले-पतले गुलाबी होंठ, हाय होंठ नहीं गुलाब की दो पंखुड़ियाँ हैं। बड़े जालिम हैं उसके होंठ! **(फिर छेद से देखकर)** हाय, हाय, क्या बात है! भगवान ने बड़ी फुर्सत में खास अपने हाथों से गढ़ा है, उसके अंग-अंग को। **(छेद के पास नाक ले जाकर सूंघते हुए)** क्या महक है! क्या सुगंध है। अरे हिमाकत, यह खुशबू उसकी सुन्दरता की है, उसकी जवानी की है। **(फिर छेद से देखकर, बदले स्वर में)** न बाबा न, मैं और नहीं देखूँगा। **(कान पकड़कर)** कान कपड़े, अब और नहीं देखूँगा। बुढ़ापा काटना मुकिल हो जाएगा। न, न, अब और नहीं देखूँगा।

(दायें द्वार से घर के भीतर प्रस्थान)

हिकमत : चेला गोली, यह दरवाज़े का छेद तो बहुत ही भयंकर है। मैं तुम्हें कागज और गोंद देता हूँ, इसे बन्द कर दो।

(घर के अन्दर प्रस्थान)

(गोली बैठा-बैठा हिकमत की प्रतीक्षा करता है। बीच में कभी-कभी बायें द्वार की ओर देखता है। हिकमत भीतर से

अखबार और गोंद लाकर गोली को लाकर देता है। गोली अखबार में गोंद लगा कर बायें दरवाज़े का छेद बन्द करता है। हिकमत उस समय उसको शिक्षा देता है।)

हिकमत : चेला गोली, बरमचारी को हर समय संकट ही संकट है। उसे हर समय आँख खोलकर रहना चाहिए। यह दरवाज़े का छेद मति-भरस्ट कर सकता है। जिन्होंने हनुमान जी की कंठी और लंगोटी धारन की है, उन्हें ऐसे भुलावों से हमेसा बचना चाहिए ताल ठोककर।

गोली : बन्द कर दिया छेद।

हिकमत : साबास चेला। अब ज़रा मेरे बादाम पीस दो। **(चने के पास रखे भीगते बादाम देता है।)**

गोली : **(सिल पर बादाम पीसते हुए)** गुरू, कभी बादाम के साथ किसमिस पीस कर खायी है?

हिकमत : नहीं तो...

गोली : बादाम का जायका दस गुना हो जाता है।

हिकमत : किसमिस तो घर में है। मैं लाकर देता हूँ।

(प्रस्थान घर के अन्दर)

(गोली अकेला बैठा बादाम पीसता है फिर उठकर ⁔ द्वार पर जाता है। दरवाज़े से कान लगाकर सुनता है। फिर गोंद की शीशी में पड़ी डंडी निकालकर, दरवाज़े के कागज को देदकर उसमें से देखता है। तब ही हिकमतसिंह एक तश्तरी में किशमिश लेकर आता है।)

हिकमत : **(गरजकर)** चेला!

गोली : **(घबराकर)** गुरू महाराज!

हिकमत : निकल जाओ।

गोली : छमा गुरू, छमा! **(हिकमत के पैर पकड़ना चाहता है)**।

हिकमत : **(पैर हटाकर)** खबरदार, मुझे मत छूना।

गोली : छमा करो, गुरू।

हिकमत : बजरंगबली की कंठी और लंगोटी पहनकर, उन्हीं के आगे यह पाप करते तम्हें सरम नहीं आई?

गोली : अब आ रही है।

हिकमत : पापी, तुम्हें इसका फल मिलेगा।

गोली : बड़ी गलती हुई महाराज **(कान पकड़कर)** कान पकड़ता हूँ।

हिकमत : हट जाओ मेरी निगाहों के सामने से।

गोली : **(हिकमत के पैर पकड़कर)** मैं नहीं जाऊँगा, जब तक तुम हमें छमा नहीं कर दोगे।

हिकमत : तुमने बजरंगबली की कंठी का अपमान किया है।

गोली : मैं बड़ा पापी हूँ। हमने बहुत बड़ा अपराध किया है। हमें छमा करो गुरू महाराज।

हिकमत : तुम कंठी और लंगोटी उतार दो।

गोली : हमारी जान ले लो, मगर कंठी और लंगोट न उतारो। **(हनुमान जी की तस्वीर के आगे माथा टेकता है)**। हनुमान स्वामी, भगत के अपराध को छमा करो। मैं तुम्हारे आगे माथा झुकाता हूँ। नाक रगड़ता हूँ।

हिकमत : **(क्रोध को दबाकर)** चेला, तुमने बहुत बड़ा अपराध किया है लेकिन मैं तुम्हें छमा करता हूं। एक मौका और देता हूँ।

गोली : **(हिकमत के आगे लेटते हुए)** गुरू महाराज तुम बड़े दयालु हो।

हिकमत : इस समय जाओ। मेरा मन बड़ा चंचल है। साम को अखाड़े पर मिलना।

गोली : जैसी आज्ञा।

(प्रस्थान-घर के बाहर)

(हिकमतसिंह कुछ देर बैठा रहता है फिर उद्विग्न सा कमरे में टहलता है, फिर बायें द्वार के पास रुकता है। फिर अखबार में गोंद लगाकर बायें दरवाज़े के पास जाता है, वहाँ कुछ देर खड़ा सोचता रहता है और अचानक छेद में आँख लगाकर देखने लगता है। तब ही दायें द्वार से, घर के भीतर से मामू आते हैं। वह हिकमतसिंह को देखकर स्तंभित रह तो हैं। फिर उसकी गर्दन में अपनी छड़ी की मूंठ डालकर अपनी ओर खींचते हैं?)

मामू : कहिये भरमचारी जी, यह क्या हो रहा है?

हिकमत : **(हकलाते हुए)** मू...मू...मू...

मामू : मैं मम्मा नहीं, मामू हूँ। यह छुप-छुप के क्या हो रहा है? अब बोलो, बता दूँ तुम्हारे चेले-चपाटों को उनके गुरू महाराज की

करतूत!

हिकमत : **(हाथ जोड़कर)** मामू...

मामू : अपने गुरू का हाल सुनकर चेले जूते लेकर दौड़ पड़ेंगे। **(चिढ़ाते हुए)** ऊपर से जय बजरंगबली, और अन्दर ही अन्दर जय अनारकली। ये ग़जब। यह गुल! शाबाश बेटे! ज़रा सोचो अगर मैं दुश्मन को बता दूँ तो...

हिकमत : न मामू दुस्मन से न कहना।

मामू : उसे अगर पता लगे कि तुम सिर्फ़ नाम के भरमचारी हो तो कितनी भद्द होगी तुम्हारी, तुम्हारी ही नहीं, तुम्हारे खानदान की भी तौहीन होगी।

हिकमत : दुस्मन से न कहना। मैं तुम्हारे हाथ जोड़ता हूँ।

मामू : मैं तो कहूँगा। दुश्मन से भी कहूँगा और ताल ठोककर तुम्हारे चेले-चपाटों से भी।

हिकमत : मैं कहीं का न रहूँगा। मामू, ज़रा सा ख़्याल करो।

मामू : मुझे कुछ नहीं सुनना है।

हिकमत : पूरे सहर में मेरी बदनामी होगी।

मामू : छम्मा महाराज, घूम-घूमकर पूरे शहर में तुम्हारी कीर्ति का ढिंढोरा पीटेंगे। दुश्मन के आगे तुम जो नाक ऊँची लिए फिरते हो, वह हमेशा के लिए कटकर साफ हो जाएगी।

हिकमत : नहीं मामू, कहीं, ऐसा गज़ब न करना। मैं काला मुँह लेकर कहाँ जाऊँगा।

मामू : मैं क्या जानूं। इधर तहलका में खबर छपी, उधर तुम्हारा काम तमाम। हाँ... अगर तुम चाहते हो कि मैं अपनी जुबान बन्द रखूँ तो उसकी सिर्फ़ एक तरकीब है।

हिकमत : क्या?

मामू : तुम शादी की रजामन्दी दे दो।

हिकमत : **(हिचकिचाते हुए)** सादी?

मामू : हाँ, शादी।

हिकमत : लेकिन मामू...

मामू : लेकिन-वेकिन कुछ नहीं। या तो शादी करो, या फिर पूरे शहर को पता चल जायेगा कि तुम असलियत में क्या हो। ज़रा सोचो, जो अभी तुम्हारे पैर पकड़ते हैं, वही तुम पर थूकेंगे।

तुम्हारा दुश्मन जो अभी तुमसे आँख भी नहीं मिला पाता, वह तुम्हारे आगे सीना निकालकर कहेगा—तुम क्या मुकाबला करोगे हमारे खानदान का। तुम्हारी तो पूरे शहर में बदनामी है। **(रुककर)** चुप क्यों हो? जवाब दो। हाँ या न। मेरे पास समय नहीं।

हिकमत : ठहरो ज़रा, सोचने दो।

मामू : सोचना-विचारना क्या? किसके पास इतनी फुर्सत है, जो खड़ा रहे। जवाब दो, तो दो, नहीं तो मामू चले नारद बनकर। **(डुगडुगी बजाने का अभिनटन करते हुए)**—डुग-डुग-डुग... सुनो-सुनो- सुनो-बच्चे बूढ़े जवान सुनो, देश के सारे पहलवान सुनो, एक भरमचारी की दास्तान सुनो। हिकमत सिंह वैसा नहीं जैसा आप समझते हैं, जैसा आप जानते हैं, जैसा आप मानते हैं। ये ऐसा है...ये वैसा है। **(मामू बाहर जाने को दरवाज़े की तरफ बढ़ते हैं)**।

हिकमत : **(दौड़कर मामू के पैर पकड़ते हुए)** मैं सादी के लिए तैयार हूँ। लेकिन तुम्हारे पैर पकड़ता हूँ किसी से कुछ न कहना। मैं सादी कर लूँगा लेकिन तुम चुप रहना। मेरी बदनामी न करना। मैं सादी कर लूंगा...लेकिन...तुम।

मामू : ऐ गज़ब। **(ऊँचे स्वर में)** बहन-बहन...तुम्हारा बेटा शादी के लिए तैयार है ताल ठोककर।

हिकमत : **(रोते स्वर में)** ताल ठोक कर नहीं, सिर पीटकर।
(अंधेरा होता है और शहनाई गूंज उठती है।)

(अंतराल अंधकार : प्रथम अंक समाप्त)

द्वितीय अंक

(हिकमतसिंह हनुमान जी की तस्वीर के आगे आँखें बन्द करके पूजा में बैठा है। मामू, गोली, माँ और लीला अपनी पोशाक पर सफ़ेद शॉल ओढ़कर गायकबृन्द बन जाते हैं। वे ध्यान में मग्न, हिकमत सिंह के आसपास खड़े होकर गाते हैं :

सैंयाँ मगन पहलवानी में,
लल्ला मगन पहलवानी में।
भाव भजन में दगल लगाया,

बजरंगी का अलख जगाया।
न शादी, न ब्याह की चिन्ता,
बने ब्रहमचारी जवानी में।
उठ्ठक बैठक दण्ड पेलना,
दाँव पेंच से दंगल खेलना।
सुबह शाम बस दंगल कुश्ती,
सारा घर परेशानी में।
सैयाँ मगन पहलवानी में–

(गायकवृन्द माथा ठोंकते, तथा हिकमत को धिक्कारते प्रस्थान करते हैं। थोड़ी देर बाद, लीला अपने चरित्र में शॉल उतारकर घर के भीतर से प्रवेश करती है। वह कुछ देर आँखों में नटखट मुस्कराहट लिए पूजा करते हिकमतसिंह को देखती है, फिर चुपचाप बिना आहट किए एक-एक करके हिकमतसिंह के मुग्दर, डम्बल, भीगते चने इत्यादि हटा देती है। फिर भीगते चने जहाँ रखे थे, वहाँ पान रख देती है। पूजा के पानी में इत्र उडेल देती है और अन्त में हनुमान जी की तस्वीर के नीचे, हिकमतसिंह के ठीक सामने राधा-कृष्ण की रास करती तस्वीर टांग देती है। फिर कोने में खड़ी हो जाती है। हिकमतसिंह पूजा के लिए पानी अंजुली में लेता है, तो इत्र की खूश्बू अनुभव करता है।)

हिकमत : **(पानी सूंघते हुए)** पूजा के पानी में इत्र कहाँ से आ गया है? यह राधा किसन की तस्वीर किसने लगा दी? **(राधा-कृष्ण की तस्वीर हटाते हुए)** मैं बजरंबली का भक्त, न जाने इसे कौन लगा गया। मेरे मुग्दर कहाँ गये? और मेरे भीगे चने कहाँ गये? कौन रख गया पान यहाँ? **(कोने में खड़ी लीला हँसती है। हिकमतसिंह चौककर उछल पड़ता है)** कौन है?

लीला : मैं हूँ।

हिकमत : तुम?

लीला : यह पान मैंने रखे हैं।

हिकमत : क्यों?

लीला : आपके लिए।

हिकमत : तुम मेरे कमरे में क्यों आई ताल ठोंककर?

लीला : क्या आपके कमरे में आना मना है?

हिकमत : हाँ...मना है।

लीला : मुझे मना है?

हिकमत : हाँ, तुम्हें मना है।

लीला : क्या मैं आपकी कोई नहीं?

हिकमत : पूजा भंग कर दी तुमने।

लीला : बताइये, मैं आपकी कौन हूँ? **(अदा से)** हम आपके हैं कौन?

हिकमत : तुमको मेरे कमरे में आने की जरूरत नहीं।

लीला : बताइये न, मैं आपकी हूँ कौन?

हिकमत : मुझसे बात न करो।

लीला : मैं आपकी घरवाली हूँ। कह दीजिए झूठ है। बोलिये क्या मैं आपकी घरवाली नहीं हूँ?

हिकमत : **(झुंझलाकर)** हो, तो मैं क्या करूँ?

लीला : घरवाली हूँ तो जो आपका कमरा वह मेरा कमरा। अब मैं भी इसी कमरे में रहा करूँगी।

हिकमत : **(चौककर)** क्या? नहीं-नहीं, तुम इस कमरे में नहीं रह सकतीं।

लीला : क्यों?

हिकमत : क्योंकि यह मेरा कमरा है।

लीला : तब ही तो मैं इस कमरे में रहूँगी।

हिकमत : यह बरमचारी का कमरा है। इसमें तुम नहीं रह सकतीं। तुम नारी हो।

लीला : **(परिहास से)** ओह! मैं नारी हूँ।

हिकमत : जल्दी निकलो यहाँ से। बाहर जाओ। मैं कहता हूँ जाओ यहाँ से।

लीला : और अगर न जाऊँ?

हिकमत : तो मैं तुम्हें जबरदस्ती निकाल दूँगा। ताल ठोंककर।

लीला : कैसे?

हिकमत : हाथ पकड़कर बाहर कर दूँगा।

लीला : **(हाथ बढ़ाकर)** लो पकड़ो हाथ।

हिकमत : **(लीला का हाथ पकडने को हाथ बढ़ाता है किन्तु सोचकर खींच लेता है)** ओफ, मैं बरमचारी, नारी को कैसे छू

सकता हूँ?

(परेशानी में हनुमान जी की तस्वीर के सामने जाकर खड़ा होता है।)

लीला : मेरा हाथ नहीं पकड़ सकते, तो तुम मुझे निकाल भी नहीं सकते। अब मैं चैन से इस कमरे में रह सकती हूँ।

हिकमत : हनुमान स्वामी, इस पागल नारी को अकल दो।

लीला : गौने के चार महीने बाद, आज ही तो मुझे अकल आयी है।

हिकमत : नारी, मैं हाथ जोड़ता हूँ, चली जा यहाँ से।

लीला : आज तो फैसला होना ही है। या तो तुम मुझे हाथ पकड़कर घर से निकाल दो, नहीं तो मैं इस कमरे में आकर तुम्हारे साथ रहूँगी।

हिकमत : पवनसुत, महाबीर, बिक्रम बजरंगी--अपने भगत की रच्छा कर।

लीला : आज हमेसा के लिए तय कर दो। तुम मुझे घर से निकालोगे, या मुझे इस कमरे में रखोगे।

हिकमत : देख मैंने तेरा कुछ नहीं बिगाड़ा है। तू मुझसे किस बात का बदला ले रही है?

लीला : आख़िर यह इस तरह कब तक चलेगा। कुछ न कुछ तो तय होना ही है--इस पार या उस पार। **(कमरे के दरवाजे बन्द करती है।)**

हिकमत : **(चौंककर)** अरे यह क्या! तुमने दरवाज़े बन्द कर दिये? कोई देखेगा तो क्या कहेगा...

लीला : क्या कहेगा?

हिकमत : मैं अकेला एक नारी के साथ...

लीला : कह दीजिएगा वह नारी आपकी घरवाली है।

हिकमत : तुम कुछ नहीं समझतीं... **(दरवाज़ा खोलने को बढ़ता है)**।

लीला : **(दरवाज़े के सामने आकर)** तुम दरवाज़ा नहीं खोल सकते।

हिकमत : **(बिगड़कर)** हट जा सामने से।

लीला : मैं आपको दरवाज़ा नहीं खोलने दूँगी।

हिकमत : हट जाओ।

लीला : मैं नहीं हटती।

हिकमत : **(दांत भींचकर)** ओफ! एकदम मुसीबत में है। **(विनती से)** रास्ते से हट, मुझे जाने दे।

लीला : मैं तुम्हें नहीं जाने दूँगी। जाना ही चाहते हो तो हाथ पकड़कर मुझे घर से निकाल दो।

हिकमत : **(क्रोध को दबाते हुए)** मुझे जाने दो।

लीला : **(हाथ बढ़ाकर)** खड़े क्या देखते हो, लो पकड़ो हाथ और मुझे घर से बाहर निकाल दो।

हिकमत : **(खीज में भरकर दरवाज़े से हटकर हनुमान जी की तस्वीर के सामने हाथ जोड़कर)** बजरंगबली, तुम भगतों के रखवाले हो। उनकी हर मुसीबत से रच्छा करते हो। हे महाबीर स्वामी, अपने इस भगत की रच्छा कर। मैं तेरे हाथ जोड़ता हूँ। तेरे पैर पड़ता हूँ। हे अंजनी कुमार, मैं तेरी सरन हूँ। सरनागत की रच्छा कर। **(लीला धीरे से जाकर उसकी बांह पकड़ती है, वह चौंक जाता है।)** दूर हट। खबरदार! आइन्दा कभी मुझे छूना मत। दूर हट।

लीला : अगर मैं न हटूं। **(धीरे-धीरे हिकमत की ओर बढ़ती है।)**

हिकमत : **(पीछे हटते हुए)** दूर हट, दूर हट! हे पत्नी! क्यों मेरा पतन करती है?

(लीला धीरे-धीरे आगे बढ़ती है और हिकमत दूर हट, दूर हट, कहता पीछे हटता है, जब तक कि वह पीछे हटता-हटता दीवार से टिक नहीं जाता।)

हिकमत : **(पुकारते हुए)** अम्मा! अपनी बहू को तो देखो **(लीला मुस्कराती आगे बढ़ती है)** जय बजरंगबली **(कहता पीछे की खिड़की का दरवाज़ा खोलकर, उससे छलांग मारकर भाग जाता है)**।

(लीला खिड़की पर जाकर भागते हिकमत को देखती है, फिर गुस्से में कदम रखती घर के भीतर के दरवाज़े को खोलती है। वह अन्दर से बन्द है।)

लीला : **(गुस्से में दरवाज़ा पीटकर)** अम्मा जी, दरवाज़ा खोलो। दरवाज़ा खोलो अम्माँ जी।

माँ : **(दरवाज़ा खोलकर भीतर कमरे में झाँकते हुए)** हिकमत कहाँ गया?

लीला : मैं नहीं जानती।

माँ : **(कमरे में प्रवेश करके)** वह यहीं तो था। किधर चला गया?

लीला : मैं क्या जानूं।

माँ : **(दुलार से)** अरे बता न, मेरा बुद्धू बेटा कहाँ गया।

लीला : अम्माँ जी, मुझे मायके भेज दो।

माँ : बहुत नाराज हो? वह धीरे-धीरे रास्ते पर आ जाएगा।

लीला : वह तो मेरी सूरत से भी नफरत करते हैं।

माँ : धीरे-धीरे प्यार करने लगेगा।

लीला : उन्हें मेरा रहना बुरा लगता है, तो मैं चली जाऊँगी।

माँ : मेरा लड़का लाखों में एक है। उसमें एक भी बुरी लत नहीं है, कोई ऐब नहीं है। ज़रा झक्की है, जो सूझ गई सो सूझ गई।

लीला : अम्माँ जी मेरा मन नहीं लगता यहाँ।

माँ : मन भी लगने लगेगा! हिम्मत से काम ले बेटा। मन न छोटा कर। पहले तो वह सादी भी करने के लिए तैयार नहीं था। सादी का नाम सुनते ही कोसों दूर भागता था। फिर सादी को राजी हो गया। अब तेरी छाया से भागता है। देख लेना, कुछ दिनों बाद तेरे पैरों पर अपना माथा रगड़ेगा।

लीला : मैं तो उनको सुखी देखना चाहती हूँ, उनकी सेवा करना चाहती हूँ, लेकिन अगर मेरे कारन उनको घर छोड़कर भागना पड़ता है, तो मैं खुद ही चली जाऊँगी।

(आँसू पोंछती है)

माँ : **(ढाढस देते हुए)** पगली कहीं की। इसमें रोने की क्या बात है। चुप हो जा, मेरी बेटी, चुप हो जा। **(बांहों में भरकर थपथपाती है)**

(बाहर से दरवाज़े पर खटखटाहट। माँ उठकर दरवाज़ा खोलती है। एक हाथ में झोला लिए, तथा दूसरे से हिकमत को पकड़े मामू का प्रवेश)

मामू : **(प्रवेश करके)** लो बहन, अपने लाडले को संभालो। **(लीला का घर के भीतर से प्रस्थान)** घर छोड़कर भागा जा रहा था।

माँ : घर छोड़कर। क्यों?

मामू : इसी से पूछो।

माँ : क्यों बेटा, क्या बात हो गयी?

हिकमत : माँ, या तो इस घर में वह रहेगी या मैं।

माँ : राम राम, कैसी बातें करते हो। तुम दोनों ही का यह घर है। तुम दोनों ही यहाँ रहो।

हिकमत : नहीं माँ, एक न एक को तो जाना ही पड़ेगा।

मामू : बहुत नाराज है। चला जा रहा था तेज-तेज। मैंने पूछा कहाँ जा रहे हो, तो बोला—"हमेशा के लिए घर छोड़कर जा रहा हूँ।"

हिकमत : हाँ, घर छोड़ देंने में ही मुझे सान्ती मिलेगी।

माँ : लेकिन क्यों?

मामू : यहीं तो मैंने भी इससे पूछा। आख़िर क्यों घर छोड़ देना चाहता है? यह कुछ बताता ही नहीं।

हिकमत : मैंने आख़िरी बार कह दिया ताल ठोककर, या तो मैं इस घर में रहूँगा या तेरी बहू।

मामू : क्या बहू ने कुछ कह दिया?

माँ : वह बेचारी क्या कहेगी। उस जैसी बे-जुबान और नेक लड़की मैंने आज तक देखी नहीं।

हिकमत : उसे उसके मायके भेज दो।

मामू : क्यों? उसे उसके मायके क्यों भेज दें? इस घर में ब्याह कर आयी है। इस घर पर उसका उतना ही हक है जितना तुम्हारा।

माँ : ज़रा सोचो बेटा, वह आख़िर को तेरी दुल्हन है। उसका लीला नाम कौन जानता है? सब उसे हिकमत की दुल्हन कहकर पुकारते हैं। उसकी बेइज्जती करने में क्या तेरी बेइज्जती नहीं होगी?

मामू : मैं पूछता हूँ कि उसने ऐसा क्या कर दिया जो यह उसे निकालने पर उतारू है?

माँ : बेटा जैसे मैं तुम्हारी माँ हूँ, उसकी भी माँ हूँ। मैं जिस तरह चाहती हूँ कि तुम हमेसा मेरे पास रहो, उसी तरह चाहती हूँ कि वह भी मेरे पास रहे।

मामू : **(झुँझलाकर)** ऊँ हूँ। मुझे भी तो उसका कसूर मालूम पड़े।

माँ : मैं तो यह चाहती हूँ कि तुम भी रहो, वह भी रहे। घर के एक कोने में पड़ी भी रहे तो तुम्हारा कुछ बिगड़ता तो नहीं।

हिकमत : घर के एक कोने में पड़ी रहे तो कोई बात नहीं लेकिन...।

माँ : लेकिन क्या बेटा?

हिकमत : उससे कह दो कि मेरे कमरे में कभी न आये।

मामू : **(एकदम फूटकर हँसते हुए)** यह माजरा है! अब समझ में आया। बहू रानी, भरमचारी के कमरे में आ गयीं।

हिकमत : **(बिगड़कर)** वह क्यों आयी मेरे कमरे में ताल ठोककर।

मामू : बड़ी गलती की। अपने घरवाले के कमरे में जाकर उसने बड़ी गलती की...।

हिकमत : अगर कोई देख लेता तो?

मामू : तो हिमाकत सिंह की नाक कट जाती **(रुककर)** मेरी सलाह मानो भांजे, कहाँ तक नाक की रखवाली करोगे। एक बार नाक कट जाने दो, तो हमेशा के लिए नाक बचाने के झंझट से बच जाओगे। नकटे को अपनी नाक की फिकर नहीं रहती। नकटे की नाक कटे, तो सवा हाथ बढ़े। बड़ा सुख है नकटा बनकर रहने में। न रहेगी नाक न बजेगी नासुरी।

माँ : बेटा, मैं बहू को कह दूँगी। वह तुम्हारे कमरे में कभी नहीं आयेगी।

मामू : वह कमरे में आ गयी, इसीलिए तुम घर छोड़कर भागे जा रहे थे?

हिकमत : मामू, तुम समझते नहीं।

मामू : मामू नहीं समझते। लानत है तुम्हारी पहलवानी पर। लानत है तुम्हारी जवानी पर। औरत से डर कर भाग रहे थे।

हिकमत : मामू मैं अपनी जबान का पक्का हूँ। आन पर जान दे सकता हूँ। मैंने बजरंगबली की कंठी ली है, उसे निबाहना है ताल ठोककर।

मामू : अरे हाँ, याद आया। मैं तो तेरे लिए एक चीज़ लाया था; देता हूँ। **(झोले में से कलैंडर निकालता है)** भांजे बहुत दिन तुमने हनुमान जी की तस्वीर इस कमरे में लगाई, अब कुछ दिन इसे लगाओ। **(हिकमत कलैंडर खोलकर देखता है। उस पर एक कामुक मुद्रा में स्त्री का चित्र है)।**

हिकमत : **(कलैंडर फेंकते हुए)** बजरंगबली, बजरंगबली।

मामू : भांजे अगर औरत की तस्वीर से इतनी नफरत है, तो शादी क्यों की थी?

हिकमत : तुम जानते हो मैंने अपनी मरजी से नहीं की।

मामू : इन्कार कर देते।

हिकमत : तुमने मजबूर जो कर दिया था।

मामू : ऐ गज़ब, दूसरे की बीबी को छुपकर झाँकते थे, और अपनी बीबी से भागते हो।

हिकमत : मैं भी आदमी हूँ।

मामू : लगता तो नहीं।

हिकमत : मुझ से भी गलती हो सकती है एक बार। तुमने इस गलती का फायदा उठाया। दुस्मन को और मेरे चेलों को बता देने की धमकी दी।

मामू : जब हाँ की है तो निबाहो मरदों की तरह।

हिकमत : खानदान की इज्ज़त का ख़्याल न होता तो कभी हाँ नहीं करता। दुस्मन के घर में बीवी है, उससे कम न पड़ूँ, इसीलिए सादी कर ली ताल ठोककर।

मामू : और उसे अजायब घर में सजा कर छोड़ दिया।

माँ : दुस्मन तो अपनी घरवाली को अछूत नहीं समझता।

हिकमत : तुम्हें सिकायत थी कि बुढ़ापे में कोई पानी पिलाने वाला नहीं है। लो, पीओ अब पानी। तुम बहू का मुँह देखता चाहती थीं, अब देखो मुँह। तुम्हारी इच्छा पूरी हुई। अब तुम लोग मेरा धरम क्यों खराब करना चाहते हो?

मामू : **(उपहास करते हुए)** च च च—बेचारे का धर्म!

माँ : मेरी इच्छा का तूने ख़्याल किया, यह तो बहुत अच्छा किया। भगवान तुझे इसके लिए सुख देंगे लेकिन बेटा, ज़रा उस बेचारी का ख्याल कर।

हिकमत : क्या ख्याल करूँ? खाती-पीती है। बढ़िया-बढ़िया कपड़े पहने है। मौज करती है।

माँ : जिस औरत से उसका आदमी बात न करे, उसके लिए खाना-पीना क्या! उसको कितना दुःख होता है, कोई नहीं जान सकता।

मामू : **(भावुकता से)** मैं जान सकता हूँ बहन। हिमाकत की मामी से शादी के शुरू के दिनों में किसी बात पर झगड़ा हो गया था, और फिर मैं उससे रात-भर नहीं बोला। इसका उसे इतना बुरा लगा कि ज़िन्दगी-भर मुझे ताना दिया। मरने के दस दिन पहले भी बोली थी, तुम्हारा गुस्सा बड़ा खराब है, मुझे याद

है एक दफा तुम रात-भर मुझ से नहीं बोले थे।

माँ : अपने लिए नहीं तो उस बेचारी का दिल रखने के लिए ही उसकी कभी-कभी राजी-खुसी पूछ लिया कर।

हिकमत : अरे, उसकी राजी खुसी पूछने जाऊँगा, तो अपनी खुसी का बंटाधार हो जायेगा।

मामू : तुझे अपने चेले-चपाटों का डर है, तो फिकर न कर। उन लोगों को कुछ पता नहीं लगेगा। (हिकमत सिंह के सर पर हाथ रखते हुए) ले हम लोगों ने कसम खाली। हम लोग उनसे यही कहेंगे कि हिकमत ने अभी अपनी बीबी की सूरत भी नहीं देखी।

हिकमत : मैं झूठ नहीं बोल सकता।

मामू : चल बहन, अन्दर चल। तेरा बेटा तो हरिचन्दर का अवतार है। उससे कुछ कहना बेकार है।

माँ : दो-एक मीठे बोल बोल देने से तेरा कुछ घट नहीं जायेगा।

हिकमत : तो क्या बढ़ जाएगा?

मामू : एकदम उल्टी खोपड़ी है हिमाकत की। कोई सीधी बात तो इसकी समझ में आती ही नहीं। क्या फायदा इस सिरफिरे से जबान लड़ाने में। चलो अन्दर। (अपने आप से) सैंया मगन पहलवानी में, सारा घर परेशानी में।

(मामू और माँ का घर के भीतर प्रस्थान)

हिकमत : **(बजरंगबली की तस्वीर को हाथ जोड़कर)** हनुमान स्वामी, पूजा में बिघन पड़ गया है। छमा करना। **(लोटा उठाकर उसके इत्र पड़े पानी को पीछे की खिड़की से बाहर गिराता है, तब ही आते हुए गोली को देखता है।)** आओ, आओ, चेला। आओ।

गोली : **(प्रवेश करते हुए)** जय बजरंगबली **(हिकमत के पैर छूता है।)**

हिकमत : मस्त रहो। कहो सब चंगा है?

गोली : बस कठौती में गंगा है। आपकी और बजरंगबली की दया है।

हिकमत : और कहो, कसरत कैसी चल रही है ताल ठोककर।

गोली : बहुत अच्छी गुरू महाराज।

हिकमत : कहाँ तक पहुँची दण्ड?

गोली : सात सौ डेढ़

हिकमत : डेढ़?

गोली : सात सौ एक पूरा कर लेता हूँ। दूसरा करते समय आधे पर गिर जाता हूँ।

हिकमत : बहुत ठीक। इसी तरह चलाते जाओ। जल्दी ही हजार तक पहुँच जाओगे ताल ठोककर।

गोली : आपकी किरपा रहे। **(सूंघते हुए)** गुरू महाराज, यह इतर की खुसबू है?

हिकमत : **(छिपाते हुए)** इतर! इतर यहाँ कहाँ से आया? खिड़की खुली है, बाहर कहीं से खुसबू आयी होगी, हवा में उड़कर।

गोली : **(उठते हुए)** नहीं गुरूजी, मेरी कुत्ते की नाक है। लगता है यहीं कमरे में है **(लोटा छूने को हाथ बढ़ाता है)**

हिकमत : लोटा मत छूना। पूजा का पानी है उसमें।

गोली : **(लोटा उठाकर सूंघते हुए)** अरे इसी में तो इतर का पानी है।

हिकमत : **(झेंपते हुए तथा बहाना बनाते हुए)** हैं, हैं, इतर।

गोली : **(पान देखकर)** पान! गुरू जी आपने पान खाना कब से सुरू कर दिया?

हिकमत : सुरू कहाँ किया। पान तो रखा है। मैंने खाया तो नहीं।

गोली : आपके मुग्दर कहाँ गये? डम्बल कहाँ गये?

हिकमत : वह तो...वह तो... बात यह है...

गोली : यह तस्वीर कैसी है? **(मामू द्वारा लायी गई तस्वीर उठाकर देखते हुए फेंक देता है)** बजरंगबली! बजरंगबली!!

हिकमत : मेरी नहीं है...मेरी नहीं है।

गोली : आपके कमरे में रखी है? मुझे पता है आपकी नहीं है। आपकी हो ही नहीं सकती। यह तो किसी लड़की की है पर आपके कमरे में।

हिकमत : मेरी नहीं है। मामू की है। मामू की।

गोली : मामू की यह तस्वीर हो ही नहीं सकती। मामू तो चोली नहीं पहनते। मामू सीला की जवानी बन गये हैं क्या? **(अचानक दायीं दीवार का भीतर का दरवाज़ा खोलकर लीला मुग्दर और डम्बल फैंकती है।)**

गोली : ब्यूटीफुल, सुंदर, अति सुंदर। गुरू जी, आपने अपने मुग्दर गुरुआनी जी के पास रखने शुरू कर दिये हैं?

हिकमत : **(एकदम दहाड़कर)** चेला!

गोली : **(हाथ जोड़कर)** गुरू महाराज।

हिकमत : जबान सम्हाल कर बात करो।

गोली : महाराज छमा।

हिकमत : तुमने अपने गुरू पर सक किया?

गोली : नहीं महाराज।

हिकमत : झूठ मत बोलो। ताल ठोककर तुमने अपने गुरू पर शक किया?

गोली : **(स्वीकारात्मक)** हाँ महाराज!

हिकमत : बोलो क्यों? **(गोली जवाब नहीं देता)** उत्तर दो। तुम्हें बजरंबली की सौगंध। तुम्हें तुम्हारे गुरू की सौगंध।

गोली : महाराज, इतर, पान और तस्वीर को देखकर...

हिकमत : बस, यही है तुम्हारा बिस्वास अपने गुरू पर। पान, इतर और तस्वीर देखकर तुमने उस पर सक कर लिया। **(गोली उत्तर नहीं देता)**

हिकमत : पान, तस्वीर और इतर देखकर यह क्यों नहीं देखते कि तुम्हारा गुरू इन सकटों के बाद भी अपना धरम निभाये है। बरमचारी का बरत भंग नहीं होने दिया ताल ठोककर। देखो चेला, देखो, कितनी बाधा है तुम्हारे गुरू के रास्ते में। उसका मुग्दर चुरा लिया गया,

गोली : टू मच।

हिकमत : उसके पानी में इत्र मिला दिया गया।

गोली : थ्री मच।

हिकमत : उसके चने हटा लिये गये।

गोली : फ़ोर मच।

हिकमत : फिर भी वह कंठी पहने है।

गोली : मगरमच्छ।

हिकमत : तुम्हें सरम नहीं आयी अपने उसी गुरू पर सक करते। कल तुम बजरंगबली पर सक करोगे।

गोली : गुरू महाराज, छमा। मैं बड़ा पापी हूँ अधर्मी हूँ, गधा हूँ, कुत्ता हूँ—

हिकमत : मुझे पता है।
(पैरों पर गिरता है)

हिकमत : **(उठाते हुए)** उठो चेला। मुझे तो आस्चर्य है कि तुमने अपने गुरू पर सक किया।

गोली : महाराज मैंने नहीं किया, मेरे बाप ने सक किया।

हिकमत : तुम्हारे बाप ने।

गोली : हाँ महाराज! वह कहते हैं कि तुम्हारे गुरू ने सादी कर ली, तो तुम भी सादी कर लो।

हिकमत : तुमने नहीं बताया कि सादी के बाद भी मैं बरमचारी हूँ ताल ठोककर।

गोली : वे मानते नहीं, बोले, तुम्हें बहकाया होगा। ऊपर-ऊपर बरमचारी और अन्दर-अन्दर...

हिकमत : बजरंगबली! बजरंगबली! **(उठकर हनुमान जी की तस्वीर के सामने जाते हुए)** कैसे गन्दे बिचार हैं तुम्हारे बाप के!

गोली : इसी का तो मुझे अफसोस है। गुरू महाराज, मैं आजकल बड़े संकट में हूँ।

हिकमत : कौन-सा संकट?

गोली : माँ-बाप दिन-रात पीछे पड़े रहते हैं—सादी करो सादी करो। मैं परेसान आ गया हूँ। सोचता हूँ कर ही डालूँ।

हिकमत : संकट तो मुझ पर भी है, पर मेरी तरह सामना करो। कह दो मैं सादी नहीं करूँगा।

गोली : खुद तो कहा नहीं **(स्वागत)**। वह तो मैंने कह दिया। फिर भी संकट से छुटकारा नहीं है!

हिकमत : क्यों?

गोली : वह लड़की है न रतना...

हिकमत : कौन?

गोली : अरे वही।

हिकमत : वही कौन?

गोली : अरे रतना।

हिकमत : तो...

गोली : वह हर समय मेरे मन पर छायी रहती है।

हिकमत : तेरा मन असुद्ध है। तू भरस्ट हो गया है?

गोली : महाराज, मैं क्या करूँ?

हिकमत : तू उस लड़की के साथ उठता-बैठता होगा?

गोली : नहीं। वो पहलवानी नहीं करती। इसलिए उसके साथ उट्ठक-बैठक करने का अब तक मौका ही नहीं मिला।

हिकमत : तू उसकी ओर देखता होगा।

गोली : गुरू महाराज, न तो मैं उसके साथ न दंड पेलता हूँ, न बैठक लगाता हूँ और न उससे बातें करता हूँ। तब भी वह मन पर छायी रहती है।

हिकमत : तू नहीं सोचता, तब कैसे मन पर छायी रहती है।

गोली : पता नहीं महाराज।

हिकमत : झूठ बोलता है तू।

गोली : झूठ बोले कौवा काटे। नहीं महाराज। मैं जानकर कभी नहीं सोचता, फिर भी उसका ख़्याल मन में आ जाता है।

हिकमत : कोसिस करो कि उसके बारे में न सोचो।

गोली : कोसिस करता हूँ गुरू महाराज। **(अपने आपसे)** मेरे ख़्यालों से हट ना। तुम्हें मेरी क़सम, हट ना। अरे हटती है कि दूँ एक रहपटा।

गोली : गुरू महाराज कोसिस करके देख लिया। फिर भी उसी का ख़्याल आता है। मन बेकाबू हो जाता है। अपनी मनमानी करने लगता है। ऐसा कभी-कभी होता है।

हिकमत : **(सोचते हुए)** हाँ, ऐसा कभी-कभी होता है।

गोली : आपको भी! **(स्वागत)** गये काम से ये भी हिकमत से। मैं नहीं चाहता कि रतना के बारे में सोचू फिर भी उसका ही ख़्याल आता है।

हिकमत : मेरे साथ भी यही होता है।

गोली : **(आश्चर्य से)** क्या?

हिकमत : मैं नहीं चाहता कि तुम्हारी गुरूआनी का ख़्याल भी आये, फिर भी मन नहीं मानता।

गोली : **(टटोलते हुए)** मन बेकाबू हो जाता है?

हिकमत : हाँ चेला।

गोली : मन मनमानी करने लगता है।

हिकमत : हाँ, मनमानी करने लगता है।

गोली : गुरू महाराज, मैं तो कभी-कभी सोते से चौंककर उठ बैठता हूँ।

हिकमत : मैं भी चेला।

गोली : फिर लाख कोशिश करो नींद नहीं आती।

हिकमत : मेरे साथ भी यही होता है।

गोली : उस समय रतना का ही ख़्याल आता है।

हिकमत : मुझे भी।

गोली : मुझे सपने में रोज रतना दिखाई देती है।

हिकमत : मेरे सपने में भी आती है।

गोली : **(क्रोध से)** क्या रतना आपके सपने में आती है?

हिकमत : **(सफ़ाई में)** नहीं, तुम्हारी गुरूआनी।

गोली : मुझे लगा, रतना कहीं गोली को तो गोली नहीं दे रही है?

हिकमत : रतना नहीं। तुम्हारी गुरूआनी।

गोली : गुरू महाराज, मुझे रतना की वह आँखें...वह रूठी आँखें, जैसे हर समय कुरेदा करती हैं, परेसान किया करती हैं।

हिकमत : तुम्हारी गुरूआनी की आँखें भी मुझसे बर्दास्त नहीं होतीं। पता नहीं उनमें क्या है...वह घायल-घायल निगाहों से देखती है तो मुझे लगता है मैं गल जाऊँगा, पिघल जाऊँगा...चेला हम दोनों, गुरू-चेला एक से हैं। **(गले से लगाने को हाथ बढ़ाता है)**

गोली : **(गले से लगते हुए)** गुरू महाराज।

हिकमत : हम दोनों की दसा एक है। हम दोनों पर एक ही संकट है। इस संकट से बजरंगबली ही उबारेंगे।**(गुरू-चेला दोनों हनुमान जी की तस्वीर के आगे हाथ जोड़ते हैं।)**

हे संकट मोचन, हम दोनों पर भारी बिपदा पड़ी है। इस संकट से तुम्हीं निकालो। हम दोनों गुरू-चेला बड़े पापी हैं। बड़े नीच, अधम और कुकर्मी हैं। हम पर दया करो। इस संकट से हमें उबारो।

(दोनों गुरू-चेला साष्टांग प्रणाम करते हैं, तब ही नेपथ्य में बन्दूक छूटने की आवाज़ सुनायी देती है। दोनों एकदम उठकर पीछे की खिड़की पर जाकर बाहर देखते हैं)

हिकमत : यह तो दुस्मन बन्दूक चला रहा है।

(मामू और माँ का भीतर से प्रवेश)

गोली : दुस्मन के यहाँ लगता है कोई खुसी हुई है।

माँ : **(खिड़की के बाहर झाँककर)** ...पड़ोसिन के लड़का हुआ है **(अन्दर सबको बताते हुए)** लड़का हुआ है।

गोली : **(खुश होकर)** लड़का!! वाह! वाह!

माँ : तू क्यों कूद रहा है खुशी से।

गोली : लड़का हुआ है न।

मामू : सुन ले, तेरे दुश्मन के यहाँ लड़का हुआ है।

हिकमत : मुझसे क्यों कहते हो?

मामू : तुझसे न कहूँ तो किससे कहूँ?

माँ : भगवान जाने हमारे यहाँ कब खुसी होगी।

मामू : तू खड़ा है अब तक। तेरी जगह ये गोली होता तो चुल्लू भर पानी में डूब मरता।

गोली : पागल हूँ क्या? मैं क्यों डूब मरता। डूबें गुरूजी।

माँ : **(आँसू पोंछती हुई)** भगवान जाने, मेरे भाग्य में पोता देखना बदा है या नहीं।

मामू : दुस्मन के यहाँ बधाइयाँ और नौबत बजेगी। बहन तेरा बेटा तो सूखा ठूंठ है। सूखे पेड़ में भी कभी फल आये हैं।

माँ : **(हिकमत से)** अरे कुछ तो सरम कर। लोग क्या कहेंगे?

हिकमत : **(खिड़की से हटते हुए)** अम्माँ मुझे परेसान न करो।

मामू : **(व्यंग से)** बहन, इसे परेशान मत करो। जाओ-जाओ भांजे, तुम्हारी अम्माँ तो बकवास करती है। अकलमंद तो तुम्हीं हो। दण्ड लगाओ दण्ड।

माँ : इसे मेरा ज़रा भी खयाल नहीं है।

मामू : मैं ठीक कहता हूँ इसकी उलटी खोपड़ी है। कोई सही बात तो इस सिरफिरे की समझ में आ ही नहीं सकती।

माँ : आज मेरे दिल पर क्या बीत रही है, कोई नहीं जान सकता। पड़ोस में औरतें सौहर गायेंगी और हमारे यहाँ...

मामू : **(काटते हुए)** हमारे यहाँ यह इस मुस्टंडे **(गोली की ओर इशारा करके)** की माला जपेगा।

हिकमत : खबरदार मामू! मैं बताये देता हूँ, मेरे चेले की बेइज्जती मत करना।

मामू : हिमाकत कहीं का, अपने चेले की बेइज्ज़ती का इतना खयाल है, लेकिन न अपनी इज्ज़त का खयाल है, न अपने खानदान

की इज्ज़त का।

मामू : **(माँ से)** इसके आगे इसके दुश्मन के घर में चिराग जल गया और यह अंधेरे कमरे में बैठा दण्ड पेल रहा है।

माँ : इसके कान पर जूं तक नहीं रेंगती।

मामू : भांजे, ज़रा मेरी बहन का ख़याल कर। कब तक तरसायेगा इसे एक पोते के लिए।

माँ : मैं तो मनाती हूँ कि जल्दी से भगवान मुझे इस घर से उठा ले। मैं इस निपूते घर में ज्यादा दिन नहीं रहना चाहती।

मामू : मेरा भी मन नहीं होता इस मनहूस घर में आने का।

हिकमत : तो मत आया करो।

मामू : सुन लिया बहन तूने। अरे हिमाकत, मैं तो अपनी बहन को देखने चला आता हूँ कभी-कभी। तुझसे मिलने तो आएगी मेरी जूती।

हिकमत : तो यहाँ मेरे कमरे में क्यों खड़े हो ताल ठोककर।

माँ : जबान संभाल कर बात कर हिकमत। अपने मामा से कैसे बोलता है?

मामू : **(क्रोध में)** तेरे कमरे में थूकने भी न आऊँ। बड़ा आया लाटसाहब का बच्चा बन कर। चलो बहन चलो यहाँ से। सिरफिरा जाहिल है...

(मामू का प्रस्थान। पीछे-पीछे माँ का प्रस्थान)

गोली : गुरू महाराज, आपके मामा न होते तो अभी उठाकर पटक देता। वाकई तुम पर बड़ा संकट है। **(हिकमत को चिन्तामग्न देखकर)** क्या सोच रहे हो गुरू महाराज?

हिकमत : कुछ नहीं।

गोली : बताओ न।

हिकमत : तुझसे क्या छुपाना गोली। साले दुस्मन के यहाँ कंस पैदा हुआ है।

गोली : तो...?

हिकमत : मैंने कंठी की लाज रखी है। लंगोटी की मर्यादा निभायी है। मगर दुस्मन के यहाँ कंस पैदा हुआ है तो मैं क्या करूँ?

गोली : दुस्मन के यहाँ कंस पैदा हुआ है तो तुम दुर्योधन पैदा करो। दुनिया में बहुतों के यहाँ लड़के पैदा हुआ करते हैं...

हिकमत : चेला!

गोली : अच्छा मत पैदा करो। गुस्सा क्यों होते हो?

हिकमत : नहीं नहीं चेला। दुस्मन के घर की बात दूसरी है। आज तक हमारे खानदान की दुस्मन के आगे मूंछें नीची नहीं हुईं।

गोली : बेसक!

हिकमत : वह हमेसा उन्नीस रहा है हमसे! हम हर चीज़ में उससे आगे बढ़े हैं, ताल ठोककर। आज तक कभी ऐसा नहीं हुआ कि उसके घर में कोई चीज़ हो और हमारे घर में न हो...

गोली : लेकिन आज तो उसके यहाँ लड़का...

हिकमत : हाँ। आज उसके यहाँ लड़का है और मेरे यहाँ लड़का नहीं है। छः पुस्तों के बाद हम कम पड़ रहे हैं। बताओ गोली, मैं क्या करूँ?

गोली : मैं क्या बताऊँ?

हिकमत : बजरंगबली, तुम्हीं बताओ। मैं खानदान की इज्ज़त बचाने के लिए क्या करूँ?

गोली : आइडिया। एक आइडिया है गुरूजी।

गोली : यस आइडिया। ऐन आइडिया कैन चेंज योर लाइफ़, विदाउट बाइफ़।

हिकमत : वो कैसे?

गोली : आप लड़का गोद ले लें।

हिकमत : वाह! वाह! क्या तरकीब है! सांप मरे न लाठी टूटे। चेला हम तुमसे बहुत खुस हैं। बहुत खुस हैं। तुम हमारे पैर छू सकते हो। **(गोली बढ़कर पैर छूता है)** जय बजरंगबली। हमें तुम पर बड़ा घमंड है।

गोली : आपकी कृपा है महाराज।

हिकमत : लेकिन लड़का कहाँ मिलेगा?

गोली : किसी भी अनाथालय में!

हिकमत : (सोचते हुए) अनाथालय में!

गोली : अनाथालय से लड़का न लाना चाहो तो...

हिकमत : तो...?

गोली : तो मुझे अनाथ समझ कर गोद ले लो।

हिकमत : तुझे गोद ले लूँ?

गोली : हाँ।

हिकमत : बाप के बराबर बेटा।

गोली : क्या हुआ? आजकल के लड़के तो अपने बाप से बड़े बनते ही हैं।

हिकमत : नहीं नहीं, यह बात नहीं। लेकिन मैं सोचता हूँ...

गोली : क्या बात है?

हिकमत : दुस्मन यह न कहे कि उसका बेटा तो उसकी मेहनत का है। और मैं किराये पर ले आया।

गोली : कह तो सकता है।

हिकमत : वह यह भी कह सकता है कि मेरा बेटा मेरे खून का है, तुम्हारा बेटा उधार का।

गोली : बेसक कहेगा।

हिकमत : तब मैं क्या जवाब दूँगा।

गोली : उसका तो कोई जवाब नहीं है।

हिकमत : खानदान की इज़्ज़त मिट्टी में मिल जाएगी। वह दुस्मन जो आँख भी नहीं मिला पाता था, अब ताल ठोककर चलेगा। हमारे नगड़दादा के बाप को दुस्मन के नगड़दादा ने मार डाला। तब से हमारे खानदान वाले दुस्मन के खानदान पर हमेसा भारी रहे। उससे बीस रहे। लेकिन अब हमारे खानदान की किरकिरी हुई जा रही है और मैं कुछ नहीं कर पा रहा हूँ। बताओ मैं क्या करूँ?

गोली : तुम कंठी उतार दो।

हिकमत : **(गरजते हुए)** चेला!

गोली : मत उतारो, चिल्लाते क्यों हो?

हिकमत : खबरदार! ऐसी बात जबान पर भी नहीं लाना। मैं बजरंगबली का पक्का भगत हूँ। जान चली जाय लेकिन कंठी नहीं जा सकती। जय बजरंगबली। **(बजरंगबली की तस्वीर के आगे हाथ जोड़ता है)**

गोली : महाराज मुझे माफ करना।

हिकमत : गोली, अब तुम जाओ। मेरा मन असांत है, चित्त पर माया है। तुम अब जाओ। **(गोली पैर छूता है)** मस्त रहो। **(गोली का प्रस्थान बाहर)**

(हिकमत परेशान-सा कमरे में घूमता है, फिर खिड़की के पास जाकर बाहर देखता है। फिर बायीं दीवार के पास खड़ा होकर सोचता है कि उसके छेद से दुस्मन के घर में देखें या न देखें, तब ही मामू के आने की आहट होती है। वह छिटक कर दूर खड़ा हो जाता है।)

(मामू का प्रवेश)

हिकमत : मामू, मुझे माफ कर देना।

मामू : भांजे?

हिकमत : कभी-कभी मेरा भेजा गरम हो जाता है।

मामू : मैं जानता हूँ।

हिकमत : उस समय मुझे कुछ ध्यान नहीं रहता कि मैं किससे क्या कह रहा हूँ।

मामू : कोई बात नहीं भांजे। मैंने बुरा नहीं माना। **(बाहर के द्वार की ओर बढ़ता है, फिर रुककर)** एक बात कहूँ भांजे।

हिकमत : कहो।

मामू : हम लोग जो कुछ कह रहे थे, तुम्हारे भले के लिए कह रहे थे।

हिकमत : मैं जानता हूँ।

मामू : मैं तुम्हारे खानदान का नही हूँ, फिर भी तुम्हारे खानदान में मेरी बहन आयी है इससे कहता हूँ। **(हिकमत चुप रहता है)** मैं नहीं चाहता कि तुम्हारा खानदान तुम्हारी दण्ड-बैठक में खत्म हो जाये।

हिकमत : मामू, मैं मजबूर हूँ। मैंने हनुमान स्वामी की...

मामू : जानता हूँ—कंठी और लंगोटी ली है। लेकिन भांजे, तुम्हारा अपने घर के लिए भी तो फर्ज है। तुम्हारी माँ कितने दिन और ज़िन्दा रहेगी। क्या तुम चाहते हो कि वह अपने पोते का मुँह देखने की हसरत लिए मर जाये।

हिकमत : मेरी समझ में नहीं आता, क्या करूँ?

मामू : ज़रा सोचो, अभी तक तुम दुश्मन से कभी कम नहीं रहे, लेकिन अब तुम उससे कम हो।

हिकमत : लड़का पैदा करने ही से वह बढ़ गया? आज भी मैं उसके एक झापड़ मार दूँ तो उसकी बत्तीसी न बाहर निकल आये तो नाम बदल लूँ ताल ठोककर।

मामू : लेकिन हिमाकत कब तक? जब तक तुम जवान हो, तब ही तक न। कल जब तुम बूढ़े हो जाओगे और उसका लड़का जवान हो जायेगा। तब उसका कौन मुकाबला करेगा? परसों जब उसका पोता जवान होगा, तब तुम क्या इस दुनिया में बने रहोगे? कौन उसके आगे तुम्हारे खानदान का नाम लेगा? भांजे, छः पुश्तों से जीतते रहने वाले खानदान को तुम हमेशा के लिए हरा रहे हो। सोचो, तुम्हारे बाप ने मरते समय तुमसे क्या कहा था—बेटा जान चली जाए, मगर दुश्मन से हमेशा बीस रहना। और एक तुम हो उनके लायक सपूत, जो खानदान को मिटाने पर उतारू हो। तुम्हें शरम आनी चाहिए। तुम पर लानत है।

हिकमत : अब मत कहो मामू। मत कहो।

मामू : तुम कुल-डोबन हो, तुम कुल के कलंक हो।

हिकमत : बस बहुत हो गया।

मामू : तुम्हारे पुरखे स्वर्ग में बैठे तुम्हीं को देख रहे होंगे। तुम्हीं उनकी इज़्ज़त बचा सकते हो। उनकी निगाहें तुम पर हैं। चाहो तो तुम उनका नाम मिटा दो, या उनकी इज़्ज़त बचा लो।

हिकमत : **(जोश में गले से कंठी उतारते हुए)** बजरंगबली की कंठी की सौगंध! दुस्मन से उन्नीस नहीं हो सकता। उसके जितने भी लड़के होंगे उनसे दो ज्यादा हिकमत सिंह के होंगे ताल ठोककर। जय बजरंगबली।

मामू : शाबाश भांजे। कंठी तो तुमने मेरे सामने उतार दी। अब लंगोटी मेरे सामने मत उतारना।

हिकमत : वह तो रात को उतारूँगा...

मामू : शाबाश भांजे शाबाश। अब मैं चलूँ। सौहर गाने वाली औरतों को अभी से ठीक कर दूँ। **(मामू का प्रस्थान)**

(हिकमत बजरंगबली की तस्वीर के सामने जाता है।)

हिकमत : **(हाथ जोड़कर)** बजरंगबली, माफ करना। यह खानदान की इज़्ज़त का सवाल है। **(रोते हुए)** बजरंगबली, माफ करना। **(हनुमान जी की तस्वीर उतारकर एक तरफ रख देता है। फिर कौने से उठाकर मामू द्वारा लायी गयी स्त्री के कामुक मुद्रा के चित्र को वहाँ टांग देता है। फिर भावहीन चेहरा लिये**

रोदाँ के विचारक की मुद्रा में बैठ जाता है। धीरे-धीरे मंच पर प्रकाश धीमा होता हुआ, समाप्त होता है। कुछ क्षणों पश्चात प्रकाश-वृत्त में गायक-वृन्द दिखाई पड़ता है। सभी अभिनेता/अभिनेत्रियां अपनी-अपनी पोशाकों पर सफ़ेद शॉल ओढ़कर गायक बन जाते हैं। और वृन्द-गान करते हैं–

आयी आयी आयी आयी
शुभ घड़ी आई रे,
लल्ला जी जन्मे, बधाई रे बधाई रे।
कुल का चिराग़ जला, ख़ुश हुई माता।
आज पहलवान की छाती हुई छाता।
गाये बधाई कोई, कोई ले बलैया,
खुशी से नाचे कोई, ता थेई ता थैया।
हिकमत की हिम्मत तो आज रंग लाई रे
लल्ला जी जन्मे...।

(अंतराल अंधकार)

तृतीय अंक

स्थान : हिकमत सिंह के मकान का वही कमरा।

समय : द्वितीय अंक के सात वर्ष बाद।

(दांयीं दीवार के पास दोनों दरवाज़ों के बीच एक लकड़ी की बन्द अलमारी रखी है, उस पर बच्चों के खिलौने रखे हैं। सामने की दीवार पर बीचोंबीच एक औरत की तस्वीर वाला कलैण्डर लगा है। कमरे में दो-तीन कुर्सियाँ, मोढ़े इत्यादि बेतरतीव पड़े हैं। कमरे में अन्य सामान भी बिखरा पड़ा है। पर्दा खुलने पर हिकमत सिंह लुंगी, बनियान पहने कुर्सी पर बैठा कुर्ते के बटन टांकता दिखाई पड़ता है। तभी घर के भीतर से चश्मा लगाए लीला आती है।)

लीला : उहूँ, बटन लगाया जा रहा है?

हिकमत : मैं इसलिए लगा रहा हूँ कि तुम देखो और सरमाओ।

लीला : लाइये मैं लगा दूँ। (कुर्ता लेना चाहती है)

हिकमत : (हिकमत लीला का हाथ झटक कर) रहने दो। मैं खुद ही लगा

लूँगा।

लीला : लाइये न।

हिकमत : तीन दिन से कह रहा हूँ कुर्ते में बटन लगा दो, बटन लगा दो, मगर अब तक नहीं लगाया।

लीला : दम भरने की फुर्सत नहीं मिलती। मैं क्या करूँ?

हिकमत : मैं फटे हाल घूमता फिरूँ, मगर तुमको कोई फिकर नहीं। **(नेपथ्य में एक बच्चे की आवाज़-अम्माँ)**

लीला : सुबह से साम तक बच्चों में उलझी रहती हूँ। मैं तो और कुछ कर ही नहीं पाती।

हिकमत : सिर्फ़ छः बच्चों में यह हाल।

लीला : तुम्हें एक दिन भी बच्चों को संभालना पड़े तो पता लग जाय। दिन-भर की झांय-झांय। मैं तो एकदम पागल हो जाती हूँ। **(नेपश्य में प्रथम बालक का स्वर-अम्मा। फिर द्वितीय बालक का स्वर-अम्मा। फिर दोनों लड़कों की बार-बार अम्मा पुकारने की होड़ सुनाई पड़ती है।)**

लीला : आयी! चुप रहो कम्बख्तो। **(हिकमत से)** लगता है शुरू हुई लड़ाई।

हिकमत : जाओ-जाओ, बटन तो मैं लगा ही लूँगा। **(लीला उलाहना-भरी नजर डालती घर के भीतर चली जाती है।)**

हिकमत : आख़िर लग ही गया बटन। **(कुर्ता पहनकर गीत गाता हुआ शीशे के सामने जाता है। फिर बाल गुनगुनाता है।)** तेरी गोरी-गोरी सूरत पर वार गया मैं...

(अचानक घर के भीतर जोर से ढोल बजने लगता है, तथा तीन-चार बच्चों के बेसुरे गाने की आवाज़ आती है-मुहब्बत करके भी देखा, मुहब्बत में भी धोखा है।)

हिकमत : **(गुस्से में घर के भीतर खुलने वाले द्वार में जाकर)** चुप रहो। अगर कोई सोर करेगा, उसे सौ बार कान पकड़कर उठना-बैठना होगा। **(लौटकर कमरे में कुर्सी पर बैठे हुए)** घर क्या है एकदम मछली बाजार है। एक मिनट को भी चैन नहीं मिलता। **(सिगरेट जलाकर पीते हुए)** जुम्मा-जुम्मा आठ दिन हुए पैदा

हुए, मगर अभी से ही साहबजादे गा रहे हैं 'मुहब्बत करके भी देखा'। पैदा होते ही कम्बख़तों को तजुर्बा हो गया। कलजुगी कहीं के।

लीला : **(भीतर से प्रवेश करके)** कौन है कलजुगी?

हिकमत : तुम्हारे लड़के। गा रहे हैं मुहब्बत करके भी देखा। पूछो इनसे, कल ही तो पैदा हुए, मोहब्बत भी कर ली। हम बुड्ढे होने को आये और आज तक मोहब्बत नहीं कर सके।

(स्वर बदलकर) हम बचपन में कभी ऐसे गाने नहीं गाते थे।

लीला : **(परिहास से)** आप तो हनुमान चालीसा पढ़ते थे।

हिकमत : मेरा मज़ाक मत बनाओ।

लीला : क्या इन्हें भी अपनी तरह बरमचारी बनाना चाहते हो?

हिकमत : अपनी तरह! तुमने मुझे बरमचारी रहने ही कहाँ दिया?

लीला : मेरी गलती है?

हिकमत : तुम्हीं ने तो मेरा धरम बिगाड़ा है।

लीला : पंचायत बुलाओगे? मुकदमा करोगे?

हिकमत : **(रोमाँस से)** बिल्कुल नहीं। **(हाथ पकड़कर खींचते हुए)** आओ न, बिगाड़ो मेरा धरम।

(अचानक घर के भीतर बच्चों के शोर, सीटी और भोंपू की आवाज़)

लीला : **(भीतर के दरवाज़े के पास गुस्से से जाकर)** बन्द करो सोर। खामोस। अगर कोई भी बोला तो उसके थप्पड़ पड़ेगा। समझे खामोस। **(लौटकर हिकमत से)** ये बच्चे... मैं तो हर समय सोर सुनते-सुनते ऊब गयी हूँ।

हिकमत : मैंने सोचा था आज छुट्टी के दिन तो दो-चार घड़ी तुम्हारे पास बैठने को मिलेगा। **(अचानक खाँसता है।)**

लीला : तुम्हारी खाँसी ठीक नहीं है। डाक्टर को दिखा दो न।

हिकमत : डाक्टर को दिखाने के लिए चाहिए रुपये। चील के घोंसले में माँस कहाँ? कहाँ इतने पैसे हैं जो, डाक्टर को फेंके जा सकें।

लीला : भगवान न करे आपको कुछ...

हिकमत : मामूली खाँसी के लिए पैसे बरबाद करना बेकार है। इन पैसों से बच्चों के लिए दूध ही आ सकता है। **(नेपथ्य में लड़के के चीखकर रोने की आवाज़)** अम्मा... टुन्नू ने मार दिया। अम्मा...

लीला : मुझे चैन नहीं लेने देंगे। जब देखो झगड़ा। लगता है सब फौज में जायेंगे। **(घर के अन्दर जाती है)**

(नेपथ्य में एक-दूसरे को मारने की आवाज़। लीला के बीच बचाव की आवाज़। दोनों बच्चों के रोने की आवाज़।)

लीला : **(भीतर से प्रवेश करके झुंझलाहट में)** बड़े शैतान बच्चे हैं, मानते ही नहीं। एक दूसरे के बाल नोच रहे हैं, काट रहे हैं। चीख रहे हैं। लाख अलग करो मगर हटते ही नहीं।

हिकमत : **(तैश में उठते हुए)** बिना मार खाये मानेंगे नहीं।

(घर के भीतर प्रस्थान, पीछे-पीछे लीला का प्रस्थान। थोड़ी देर बाद बच्चों का रोना बन्द हो जाता है। उसके बाद लीला और हिकमत का मंच पर प्रवेश।)

हिकमत : **(भीतर से प्रवेश करके)** लात के भूत बातों से नहीं मानते। जब मार पड़ गयी तब चुप हुए।

लीला : तुम भी अजीब हो। टुन्नू-मुन्नू लड़ रहे थे, और तुमने जाकर चुन्नू-मुन्नू को मार दिया।

हिकमत : **(रुककर)** कोई बात नहीं। चुप तो हो गये?

लीला : मारने के पहले यह भी तो जान लेना चाहिए कि किसकी गलती है। उनसे उनकी बात तो सुन लेनी चाहिए।

हिकमत : क्यों? मैं कोई मुंसिफ हूँ, जज हूँ, जो दिन-भर बैठा मुकदमा सुनूं और उनका फैसला करूँ। ऐसे ही मुकदमे फैसला करने का शोक होता तो मैं जज बनता।

लीला : लेकिन...

लीला : अगर एक-दो होते, तो यह भी कर लेता, अब आधे दर्जन के झगड़े कहाँ तक सुनूं।

लीला : बच्चे भगवान की देन हैं। इनको ऐसा नहीं कहते।

(माँ का भीतर से प्रवेश)

माँ : **(क्रुद्ध होकर)** इतने सरारती बच्चे नहीं देखे मैंने। परेशान आ गयी हूँ मैं। उठते-बैठते हर समय जान आफत में किये रहते हैं। कभी भी चैन से नहीं रहने देते।

लीला : क्या हुआ माँजी?

माँ : पूछती है क्या हुआ? यह आधे दर्जन डाकू तूने ही जने हैं

और मुझसे पूछती है क्या हुआ?

लीला : बताइये भी क्या हुआ? क्या किसी ने...

माँ : ऐसे ऊधमी बच्चे तो मैंने देखे ही नहीं। शालिग्राम को भोग लगाने के लिए मैंने आँख बन्द करी और जब आँख खोली तो देखती क्या हूँ कि तुम्हारा छिटंकी-भर के मुन्ने, परसाद खा रहा हैं। ठीक से बोल तक तो पाता नहीं पर रग-रग में सैतानी भरी है। अब बताओ मैं कैसे पूजा करूँ?

लीला : अब मैं क्या करूँ?

माँ : करो क्या-आधे दर्जन पैदा करके घर में बिठा लिये हैं, उन्हें संभाल कर रखो। नहीं तो अभी मिठाई चुराते हैं, कल डाका डालेंगे।

(बड़बड़ाते हुए प्रस्थान)

लीला : **(माँ की नकल करते हुए)** उन्हें संभाल कर रखो। नहीं तो अभी मिठाई चुराते हैं कल डाका डालेंगे। अम्मा जी जब देखो तब मेरे बेटों को कोसा करती हैं।

हिकमत : कभी-कभी कुछ लेकर खिला दिया करो। बच्चे हैं...

लीला : मेरा क्या है, मैं तो रात-दिन चाट और कचालू खिलाकर ही बच्चों का पेट भरूं, मगर मेरे पास पैसे कहाँ रहते हैं। जो तुम मुझे देते हो उसमें दोनों वक्त की रोटी किसी तरह चल जाती है, यही बहुत है। तुम मुझे और रुपये दो, तो दोनों वक्त बालूसाही खिलाऊँ सबको।

हिकमत : **(व्यंग से चिढ़कर)** तुम तो ऐसे बातें करती हो कि रुपये पेड़ पर फलते हैं, बस मैं तोड़कर तुम्हारे लिए ले आऊं।

लीला : एक सेर दूध लेती हूँ, उसमें छः बच्चों को दूध देती हूँ।

हिकमत : मैं अकेला दो सेर दूध पिया करता था। अब एक बूंद भी नहीं पीता।

लीला : एक सेर दूध में तो बच्चे आपस में सर फोड़ लें। इसको ज्यादा मिल गया, मुझको कम मिला। सेर दूध का दो सेर करती हूँ, तब किसी तरह काम चलता है।

हिकमत : **(आश्चर्य से)** सेर का दूध दो सेर कैसे करती हो?

लीला : जैसे किया जाता है?

हिकमत : कैसे किया जाता है? **(सोचते हुए)** पानी मिलाती हो तुम?

लीला : तो और क्या करूं।

हिकमत : **(आहत सा)** बच्चों को पानी मिला दूध देती हो!

लीला : तुम तो ऐसे बोल रहे हो जैसे मैं बड़ा भारी गुनाह करती हूँ। सारी गलती मेरी ही है।

(माँ का भीतर से प्रवेश)

माँ : **(हिकमत से)** अरे बेटा, मुझे तो याद ही नहीं रहा। सन्ने जब पिछली बार बीमार पड़ा था तो मैंने देवी की तीन सुहागिनों को खाना बोला था। देवी मइया की किरपा से सन्ने अच्छा हो गया। देवी-देवताओं का उधार नहीं छोड़ना चाहिए।

हिकमत : तो क्या करूँ मैं?

माँ : अगले सोमवार को सत्तमी है। उसी दिन तीन सुहागिनों को बुलाकर खिला देना।

हिकमत : **(लीला से)** तीन औरतों को अगले सोमवार को बुलाकर खिला देना।

माँ : उनको पियरी भी देनी होगी।

हिकमत : क्या?

माँ : **(समझाते हुए)** पीली साड़ी।

हिकमत : **(खीजकर)** अब साड़ी कहाँ से लायेंगे?

माँ : कहीं से लाओ बेटा। देवी की मानता तो पूरी करनी ही पड़ेगी।

हिकमत : मेरे पास बिल्कुल भी रुपये नहीं हैं।

माँ : अब कुछ भी करो तुम। न हो तो बाजार से पियरी उधार ले आओ, अगले महीने दे देना।

लीला : बाजार का उधार कर लो, लेकिन देवी का उधार नहीं छोड़ सकते।

माँ : **(बिगड़ते हुए)** हाँ हाँ, देवी का उधार नहीं छोड़ा जा सकता। सुना नहीं है तूने सत्यनारायन की कथा। लीलावती और कलावती को कितना दुख मिला। आजकल तो धरम-करम दुनिया से बिलकुल ही उठ गया है। फैसन की कमी नहीं, मगर पूजा-पाठ के नाम पर रुपया नहीं है।

लीला : मैं कौन-सा फैसन करती हूँ।

माँ : जबान लड़ाती है। अपने बड़े-बूढ़ों की इज्ज़त करना नहीं जानती।

लीला : इसमें जबान लड़ाना क्या है?

माँ : एक दिन तू भी बुड्ढ़ी होगी। जब तेरी छः छः बहुएं तेरी चोटी खींचेंगी तब तुझे पता चलेगा, बड़ों से कैसी बातें करनी चाहिए। मैं तो जैसे घर की नौकरानी हूँ। रूखा-सूखा खाने को दे दो, वह बहुत है। अपने को मालकिन समझती है कलमुँही कहीं की। **(प्रस्थान)**

लीला : **(रुआँसी होकर)** मुझे कहती है मैं फैसन करती हूँ। क्या फैसन करती हूँ। पुरानी-पुरानी धोतियाँ पहन कर किसी तरह रहती हूँ, वह भी तुम्हारी अम्माँ की आँखों में खटकता है।

हिकमत : अम्मा की बात पर ध्यान न दो। वह तो यों ही कहती हैं।

लीला : धोतियों में पेबन्द लगाकर सी-सी कर पहनती हूँ। पड़ोसिन को देखो कैसी-कैसी फैसन की साड़ी निकालती हैं।

हिकमत : दुस्मन की बात मत बोलो।

लीला : क्यों न बोलूँ। बड़े दुस्मन के आगे अपने आपको सूरमा बनते हो।

हिकमत : **(तैश में)** बनता नहीं हूँ—हूँ।

लीला : जानते हो दुस्मन अपनी घरवाली को ऐसी-ऐसी साड़ियाँ पहनाती है, जिनके मैं तो नाम भी नहीं जानती।

हिकमत : साड़ी से क्या होता है?

लीला : साड़ी से कुछ नहीं होता, तो काहे से होता है। पड़ोसन नयी-नयी साड़ी, नये-नये गहने पहन कर मेरे सामने से निकलती है, तो मेरे सीने पर सांप लोटता है, मगर मैं अपनी फटी-पुरानी धोती में संतोस करती हूँ।

हिकमत : औरतों को गहने-कपड़े के अलावा और कुछ सूझता ही नहीं।

लीला : कौन से थान-खरीद कर भर दिये हैं तुमने मेरे लिए। भगवान जानता है बियाह के बाद तुमने एक छल्ला भी बनवा कर मेरी उँगली में नहीं डाला।

हिकमत : तुम मुझे ताना दे रही हो?

लीला : यह लो, बात करना भी ताना हो गया?

हिकमत : यह ताना नहीं है क्या?

लीला : मैं बात भी न करूँ। तुम और तुम्हारी अम्माँ तो यही चाहती हैं कि मैं अपनी जबान काट लूँ। बोलने पर भी पहरा डाल दो।

हिकमत : इतना ही गहनों का सौक है तो कर लेती किसी धन्ना सेठ

से सादी।

लीला : भगवान जानता है कि मैंने कितना सहा है तुम्हारे घर में। गहनों की बात छोड़ो, धोतियाँ ही कितनी ले आये हो। जब मायके जाती हूँ दो-चार ले आती हूँ। तुमने क्या दिया है मेरे लिए?

हिकमत : कह लो आज जो कुछ तुम कहना चाहती हो। निकाल लो अपने दिल का गुबार।

लीला : क्यों न कहूँ? जो सच बात है वह तो डंके की चोट पर कह सकती हूँ। मैं तुम्हारी अम्माँ के तानों से डर जाऊँगी? रूखा-सूखा खाकर किसी तरह पेट भरने की गुनहगार हूँ, वरना क्या सुख दिया है तुमने मुझको। न ठीक से खाना न पहनना, न और कोई बात, उस पर भी किसी तरह जी लो, मगर तुम्हारी अम्माँ के तानों ने बींध-बींधकर जिंदगी हलकान कर दी है।

हिकमत : अम्माँ का तो बहाना है। असलियत तो यह है कि तुम खुद गहनों और कपड़ों को ललचायी रहती हो।

लीला : **(आहत स्वर में)** चुन्नू के बापू!

हिकमत : जब तुम इतनी लिलही हो, तो लड़के तो लिलहे होंगे ही। तुम गहने-कपड़े पर जान देती हो, तो लड़के मिठाई पर टूटेंगे ही। माँ का असर है बच्चों पर।

लीला : **(अति क्रोध से किन्तु रूआँसी होकर)** मैं लिलही हूँ। मैं गहने कपड़े पर जान देती हूँ। भगवान मुझे उठा ले तो सारा झगड़ा ही खतम हो जाय। मैं लिलही हूँ।

(क्रोध में पैर पटकते हुए घर के भीतर प्रस्थान। हिकमत विवशता के भाव से जाती लीला को देखता है, फिर सिगरेट निकाल कर पीता है, तब ही गोली बाहर से अन्दर आता है। उसकी हुलिया पहले से बिलकुल बदली है। वह अब पतलून-कमीज और सोला हैट लगाये है। आँखों पर काला चश्मा है।)

गोली : **(प्रवेश करके)** गुड मार्निंग! हिकमत सिंह।

हिकमत : आओ गोली आओ। आओ, यहाँ बैठो।

गोली : बैठूंगा नहीं। ज़रा जल्दी है। पिक्चर देखने जाना है, "मैं प्रेम

की दीवानी हूँ।"

हिकमत : आये हो तो बैठ तो जाओ।

गोली : **(बैठते हुए)** इधर से गुजर रहा था, सोचा तुमसे मिलता चलूँ।

हिकमत : बड़ा अच्छा किया। नून, तेल, लकड़ी में, मैं तो इतना फंसा रहता हूँ कि कहीं निकल ही नहीं पाता।

गोली : **(पान की पुड़िया खोलते हुए)** यह लो, रास्ते से बनारसी की दुकान से पान लेता आया हूँ तुम्हारे लिए।

हिकमत : **(पान लेते हुए)** बनारसी की दुकान जैसे पान बनारस में भी नहीं मिल सकते।

गोली : **(जिस कागज में पान लिपटा था, उसका कागज देखते हुए)** अरे यह तो कल्लू की फ़ोटो है।

हिकमत : **(चौंककर)** कल्लू की?

गोली : **(कागज को पढ़ते हुए)** दस हजार रुपये नकद इनाम।

हिकमत : लाओ मैं देखूँ। **(हाथ बड़ाकर कागज लेता है। फिर पढ़ते हुए)** दस हजार रुपये नकद इनाम। सूबे के मसहूर पहलवान कल्लू उस्ताद का चेलेंज। **(स्वर बदलकर)** साले कल्लू अब सूबे के मसहूर पहलवान हो गये।

गोली : **(कागज लेकर पढ़ते हुए)** कलजुगी भीम, रूस्तमे हिन्द, दंगल केसरी, कुस्ती सम्राट कल्लू उस्ताद जो हिन्दुस्तान के मसहूर पहलवान छम्मा महाराज के सागिर्द हैं।

हिकमत : ससुर छम्मा! वह पटकनी दी थी, आज भी अंग-अंग पिराता होगा उसका।

गोली : **(पढ़ते हुए)** ऐलान किया है कि कोई भी माई का लाल जिसने सेरनी का दूध पिया हो।

हिकमत : मैं तो मदर डेरी का दूध पीता हूँ।

गोली : और अपने आपको पहलवान समझता हो, उनसे मुकाबला करे, अगर वह हार गया तो दस हजार रुपये देंगे।

हिकमत : **(निराश स्वर में)** सब वक्त की बात है। कभी कल्लू तो कल्लू, कल्लू का बाप छम्मा को इन्हीं टांगों के नीचे से निकाला था, और आज वही सोखी में यह परचा निकाल रहा है।

गोली : हिकमत सिंह, कभी-कभी तो मेरा दिल भी अखाड़े जाने को होता है। मन चाहता है कि कपड़े उतार फेंकूं और अखाड़े

की ठंडी-ठंडी मिट्टी बदन पर रगड़ूं।

हिकमत : वह दिन तो जैसे सपने हो गये।

गोली : मगर मेरी 'वैफ'-रतना कहती है कि बाहर के अखाड़े को भूल जाओ। **(शर्मा कह)** कहती है, घर में ही पहलवानी करो।

हिकमत : किसी के कह देने से कोई कैसे भूल सकता है।

गोली : वह कहती है—पहलवानी सरीफों का काम नहीं।

हिकमत : **(क्रोध से)** पहले अगर तुमने यह कहा होता तो...

गोली : पहले तो मैं भी यह नहीं सुन सकता था लेकिन अब बात दूसरी है। **(समझाते हुए)** रतना ठीक कहती है। जब अखाड़ा छोड़ दिया तो छोड़ दिया। उसके बारे में सोचने से क्या फायदा।

हिकमत : ठीक ही कहते हो।

गोली : सोचता हूँ अगर रतना की कहीं और सादी हो गयी होती तो जिन्दगी भर पछताता।

हिकमत : मैं तो सादी करके पछता रहा हूँ।

गोली : क्यों?

हिकमत : खानदान की इज़्ज़त की बात न होती तो कभी भी सादी न करता।

गोली : भाभी जी तो इतनी सीधी हैं।

हिकमत : कहाँ सादी के पहले की मस्ती, और कहाँ यह दिन-रात की चख-चख। इस समय तो आधे दर्जन बच्चे चुप हैं, मगर जब बोलते हैं तो ऐसा लगता है जैसे छत गिर पड़ेगी।

गोली : बच्चे तो सोर मचाते ही हैं।

हिकमत : हफ्ते में छः दिन तो दफ़्तर में मरो। इतवार के दिन भी घर में चैन नहीं मिलता। फिर खर्चे का हाल यह है कि जो लाओ सब खर्च। सब समा जाता है इस घर में।

गोली : सादी के बाद तो खर्च बढ़ ही जाता है। अकेली जान पर भला क्या खर्च।

हिकमत : हमारे यहाँ हर चीज़ दर्जनों में होती है। नेकर सिलाओ तो आधा दर्जन नेकर सिलाओ। जूते लाओ तो आधा दर्जन जोड़ी। कमीज का कपड़ा गज में नहीं, थान में खरीदता हूँ। **(गोली हँसता है)** हाँ, सचमुच हमारे घर में फुटकर कुछ नहीं

होता। सब कुछ पूरा-पूरा होता है। दर्जनों के हिसाब से।

गोली : बच्चों के लिए ऐसे नहीं कहते।

हिकमत : अरे मैं कुछ कहता थोड़े ही हूँ, जो खर्च है वही बता रहा हूँ। पहले बच्चों को खिलाओ, फिर खुद खाओ। जब बच्चों का पूरा पड़ता नहीं तो अपने आप कैसे कुछ खाऊँ। पहले दो सेर दूध रोज पीता था। सौ-सौ बादाम घिसकर खाता था। अब बरसों बीत गये बिना दूध बादाम के।

गोली : तुम पहले से बहुत झटक गये हो।

हिकमत : न अब वह पहले जैसी मस्ती है न मौज। हर समय कोई न कोई चिन्ता चिता सी जलाया करती है। कभी-कोई बीमार, तो कभी कोई। किसी के सिर में दर्द है तो किसी के पेट में।

गोली : मेरे दो बच्चे हैं, उनके साथ भी बीमारी लगी रहती है। फिर तुम्हारे तो छः हैं।

हिकमत : मुझे तो लड़कों के नाम भी याद नहीं रहते। सन्नू को पन्नू कह बैठता हूँ और चुन्नू को मुन्नू समझता हूँ। मुन्नू की अम्मां को इसकी बड़ी शिकायत है।

गोली : शिकायत होनी ही चाहिए।

हिकमत : अब बताओ कहां तक याद रखूं। बदमाश इतने हैं कि दिन भर लड़ा करते हैं। मैं इनकी लड़ाई सुनते-सुनते तंग आ गया हूँ। कहाँ तक चिल्लाया जाय! जो कोई सामने मिलता है उसी को दो थप्पड़ लगाता हूँ। बस सब चुप हो जाते हैं।

गोली : **(हँसकर)** अरे नहीं।

हिकमत : और क्या करूं? मुन्नू की अम्मां कहती है, जिसकी गलती हो उसे ही मारो। अब बताओ मैं कोई थानेदार तो नहीं हूँ जो जुर्म की तफतीस करूं।

गोली : तुम भी बड़ी मजेदार बात करते हो।

हिकमत : मजेदार नहीं जब सर पर बीतती है तो पता चलता है। न ठीक से खा सको न पहन सको। हर समय रुपये की झिक-झिक और रोना।

(माँ का भीतर से प्रवेश)

माँ : अरे बेटा, न हो आज ही सुहागिनों को खाने का न्योता भिजवा दो।

हिकमत : अच्छा।

माँ : भूलना मत।

हिकमत : अच्छा-अच्छा बुला लूँगा। भूलूँगा नहीं।

माँ : देवी-देवताओं की बात है...आजकल के लड़के कुछ समझते नहीं।

(प्रस्थान घर के भीतर)

हिकमत : दोनों वक्त खाने को पूरा पड़ता नहीं और अम्माँ को सुहागिन खिलाने की पड़ी है।

गोली : कैसी सुहागिनें?

हिकमत : कोई देवी की मानता बोली थी। खाना हो तब भी गनीमत। सुहागिनों को पीली धोती भी देनी है। अब बताओ कहाँ से यह सब करूँ। इस पर मुन्ने की अम्मा कहती है मैंने उसके लिए गहने नहीं बनवाये। साड़ी नहीं लाया। (समझाते हुए) औरतें सब एक सही होती हैं। गहना और कपड़ा तो उनका भगवान होता है।

गोली : अरे हाँ कोई नयी खबर?

हिकमत : कैसी खबर?

गोली : घर में नयी खुसी। कुछ उम्मीद है?

हिकमत : उम्मीद बेसक है। यह साल खाली कैसे जा सकता है?

गोली : फी फी फी-अरे वाह हिकमतसिंह।

हिकमत : सब ईस्वर की इच्छा है।

गोली : **(हँसकर)** हम तो भाई अभी से बता दें, हरीरा और सोंठ के लड्डू खायेंगे। हाँ।

हिकमत : हाँ हाँ, भाई खाना।

गोली : वाह कमाल है, इतनी खुसी की बात तुम अब तक छुपाये थे। हिकमतसिंह, अब की दफा तो दरवाज़े पर सहनाई बजवानी चाहिए। सातवां लड़का...बड़ा भागवान होता है। ऐसा भाग बिरलों का ही होता है।

हिकमत : सब ईस्वर की कृपा है।

गोली : दावत देनी पड़ेगी, दावत। इतनी बड़ी खुसी, उस पर दावत भी कम है।

(मामू का बाहर से प्रवेश)

मामू : खुशी, कौन सी खुशी। **(गोली उठ खड़ा होता है)**

हिकमत : **(टालते हुए)** कुछ नहीं।

गोली : तुमको नहीं मालूम? हिकमत सिंह ने नहीं बताया?

मामू : हिकमत! अरे वाह चेला, गुरू का नाम कब से लेने लग गये?

हिकमत : अब हम लोग बराबर हैं।

गोली : जब से कंठी उतारी तब से बराबर हैं। गुरू-चेला तो हनुमान जी की कंठी पहन कर थे।

मामू : बहुत खूब! अब चेला गुरू के कान काट रहा है। **(गोली से)** शबाश **(रुककर)** हाँ, यह खुशी काहे की है।

गोली : हिकमतसिंह के यहाँ लड़का पैदा होने वाला है।

मामू : लड़का?

गोली : सातवां लड़का। ऐसा भाग्य बिरलों का होता है।

मामू : ऐसा दुर्भाग्य। पलटन पैदा करता जा रहा है। मैं पूछता हूँ इन्हें खिलायेगा कहाँ से?

गोली : **(अचानक हिकमतसिंह से)** मैं चलूँगा अब।

मामू : **(गोली से)** अरे वाह, यह अचानक कहाँ चल दिये बरखुरदार?

गोली : मुझे ज़रूरी काम से जाना है। फिर मिलूँगा हिकमत बाई-बाई।

मामू : ए ग़जब बाई-बाई।

(गोली का बाहर प्रस्थान)

मामू : भाग गया तुम्हारा जमूरा। मेरी सूरत से भी घबराता है।

हिकमत : तुम्हारी जबान पर लगाम नहीं है। न जाने क्या कब कह बैठो?

मामू : मेरी जबान पर लगाम नहीं है, इससे किसी का बनता-बिगड़ता नहीं। लेकिन हिमाकत तुम्हारे लंगोट पर जो लगाम नही है, उससे, तुम अपनी तबाही अपने आप ला रहे हो। इन बच्चों को खिलाओगे कहाँ से? कभी यह भी सोचा है?

हिकमत : मैंने सौगन्ध खाई थी कि दुस्मन के बेटों से ज्यादा मेरे बेटे होंगे।

मामू : और उसी तैश में चार बेटे ज्यादा पैदा कर बैठे। अब सातवें

की तैयारी में हो।

हिकमत : मेरे सात बेटों के सामने दुस्मन के दो बेटे आँख भी न उठा सकेंगे।

मामू : गीदड़ की फौज के लिए एक शेर काफी होता है।

(तभी घर के भीतर सन्ने बड़ी जोर से रोता है)

हिमाकत : **(गुस्से से)** साले, जब देखो तब रोया करते हैं। कोई समय नहीं, जब घर में सान्ति रहे। **(गुस्से में चलता घर के भीतर जाता है)**

हिकमत : **(नेपथ्य में)** रोता है औरतों की तरह। नालायक, गधा, कुल डोबन। जा मार। मैं कहता हूँ जा मार के आ। जा! जा!! जा!!

(सन्ने को मरता है सन्ने की जोर जोर से रोने की आवाज़ आती है।)

मामू : अरे अब बस भी कर। एकदम मार ही डालेगा... **(कहते हुए घर के भीतर प्रवेश)**

(थोड़ी देर बाद हिकमत को पकड़े हुए मामू का प्रवेश। हिकमत के हाथ में टूटी हुई पटरी है।)

मामू : इतना नहीं मारना चाहिए। कहीं ठांव-कुठांव पड़ जाती तो...।

हिकमत : पिटकर चला आया लड़कियों-सा रोता है। यह न हुआ दुस्मन के बेटे को पीटकर आता।

मामू : अभी बच्चा है...।

हिकमत : **(बात काटते हुए)** दुस्मन का बेटा तो जैसे जवान है। उससे दो महीने बड़ा है मेरा सपूत। मगर उसके नाम से कांपता है। इतना कहा मैंने कि जा मार कर आ, लेकिन हिम्मत ही नहीं पड़ती उसकी। मेरा खून खौल रहा है।

मामू : बहुत मारा तुमने। पीटते-पीटते पटरी तोड़ दी उस पर। अब जाने भी दो।

हिकमत : मैं उसकी जान ले लूँगा। कम्बख्त मेरा बेटा है, उस पर इतना डरपोक। मैं कहता हूँ, मामू एक दिन यह हमारे खानदान की इज्ज़त को मिटा कर रहेगा।

मामू : खानदान की इज्ज़त।

हिकमत : हाँ खानदान की इज्जत। मैंने अपनी कंठी इसी खानदान की इज़्ज़त के लिए उतारी, अपना धर्म बिगाड़ा। दुस्मन के बेटे का मुकाबला करने के लिए मेरा बेटा हो, इसीलिए सादी की, लेकिन नतीजा एकदम उलटा।

मामू : अब खत्म भी करो।

हिकमत : छः पुस्तों की दुस्मनी में हमारा खानदान कभी पीछे नहीं रहा। हमेसा दुस्मन पर हावी रहे, लेकिन अब लगता है कि कमबख्त हमारे खानदान को हराकर ही रहेंगे।

मामू : हरायेंगे नहीं, तुम्हारा खानदान तो हार गया हिमाकत।

हिकमत : क्या कहते हो मामू? जब तक हिकमत ज़िन्दा है, हमारा खानदान नहीं हार सकता।

मामू : और तुम्हारे मरने के बाद? **(हिकमत उत्तर नहीं देता)**

मामू : तुम लाख शोखी बघारो, लेकिन सच तो यह है कि तुम हार गये।

हिकमत : क्या कहते हो मामू। मैंने खानदान की इज़्ज़त के लिए क्या नहीं किया।

मामू : तुम्हारे खानदान को तुम्हारे दुश्मन ने नहीं तुमने खुद हराया।

(हिकमत अविश्वास से हँसता है)

हिकमत : बच्चे तो भगवान की देन हैं।

मामू : **(खिड़की की ओर बढ़ते हुए)** देख, देख, तेरा दुस्मन अपनी बीबी और बच्चों के साथ बाहर घूमने जा रहा है। **(खिड़की के पास खड़े होकर देखते हुए)** कितने साफ-सुथरे तन्दुरूस्त लगते हैं सबके सब। दुश्मन की बीबी को देख! हाय, हाय, क्या जवानी है। तुझसे पहले उसकी शादी हुई थी, लेकिन आज भी उसकी बीबी पर शबाब है। एक तेरी बीबी है, जिसे देखकर लगता है एकदम बुढ़िया हो गयी है। दोनों का कोई मुकाबला ही नहीं। सब कैसे खुश लगते हैं। **(खिड़की से हट कर बीच में आते हुए)** भांजे हिमाकत, हिकमत बहुत बड़ी चीज़ है। हिकमत से आदमी अपनी तकदीर खुद ही बनाता है। भगवान ने अक्ल इस्तेमाल के लिए दी है। अब भी तू समझ जाये तो बहुत है। मैं तो चलता हूँ। **(बाहर प्रस्थान)**

(परेशान हिकमत सिंह उदास बैठ जाता है। तभी चार कोनों से मामू, गोली, माँ और लीला सफ़ेद शॉल ओढ़ कर वृन्द गायक के रूप में, मंच पर आते हैं। वे हिकमत को घेर कर छेड़ते/चिढ़ाते हुए गाते हैं)

गाना

जीत के भ्रम में क्यों जीते हो
तुम हारे, जीता है दुस्मन।
कोई और नहीं है दुस्मन,
तुम हो अपने आपके दुस्मन।
सोच के दुस्मन, समझ के दुस्मन,
तुम हो पूरे अकल के दुस्मन।
ऊपर वाला तुम्हें बचाए,
तुम तो हिमाकत, हद करते हो।
जीत के भ्रम में क्यों जीते हो,
तुम हारे, जीता है दुस्मन।

(गीत समाप्त होने पर हिकमत सिंह के एक तरफ़ गोली और मामू तथा दूसरी तरफ़ माँ और लीला एक दूसरे की कमर में हाथ डालकर धीरे-धीरे गीत की अन्तिम दो लाइनें गाती रहती हैं—पार्श्व संगीत की तरह। हिकमत पहले दीवार पर टंगी कामुक स्त्री की तस्वीर उतारता है। फिर घर के भीतर से एक तस्वीर लाता है। उसकी धूल झाड़ता है। फिर उसे दीवार पर टांगता है। वह हनुमान जी की तस्वीर है। फिर वह तस्वीर के निकट भावहीन-सा, विचारक की मुद्रा में बैठ जाता है।
वृन्दगीत के स्वर तेज़ हो जाते हैं।)

(पटाक्षेप-इति)

□□